法律是什麼？

法哲學的思辨旅程

東京大學名譽教授
長谷部恭男 著
郭怡青 譯

法とは何か
法思想史入門

〈出版緣起〉

為中國輸入法律的血液

何飛鵬

衡諸中國歷史，法治精神從未真正融入政治傳統，更遑論社會倫理和國民教育。現代國家以人民為「理性之立法者」的立憲精神，在台灣顯然是徒具虛文。法律和國家的基本精神一樣遭到政客和商人的任意蹂躪，國家公器淪為權力鬥爭的手段，司法尊嚴如失貞的皇后，望之儼然卻人人鄙夷，我們的司法體制真的與社會脫了節。近年來，台灣正面臨司法改革的轉捩點。然而長期以來，司法啟蒙教育被獨裁者的愚民政策所壓抑，使得國人普遍缺乏獨立判斷的法學教養，在面對治絲益棼的司法亂象時，失去了盱衡全體制度及其社會脈絡的根據。改革之聲高唱入雲，而所持論據卻總是未能切中時弊，不是見樹不見林，就是病急亂投醫，國家之根基如此脆弱，豈不危乎殆哉。司法體制之矮化為官僚體制，連帶使我們司法人員的教育和考選，成為另一種八股考試，完全忽視了法律與社會互相詮釋的脈動。學生只知道死記法規和條文解釋及學說，成為國家考試的機器人；至於法的精神和立法執法的原則卻置之罔顧。如此國家所考選的司法人員知法而不重法，不是成為爭功諉過的司法官僚，就是唯利是圖的訟棍。在西方國家裡，法學專家與司法人員由社會菁英與知識份子構成，不惟力執超然公正的社會角色，甚至引導風氣之先，為國家之中堅。在歐洲，在美國，法律的歷史和社會變遷是息息相關的，布藍迪斯（Louis Dembitz Brandeis）大法官曾說：「一個法律人如果不曾研究過經濟學和社會學，那麼他就極容易成為社會的公敵。」我們希望法律人能夠真正走出抽象法律的象牙塔，認真思考社會正義與價值的問題，這才是法的精神所在。「人與法律」系列之推出，正是有感於法學教育乃至大眾法律素養中的重大缺陷，提出針砭之言，以期撥亂反正，讓法的精神真正在國人心中植根。我們想推薦讀者「在大專用書裡看不到的司法教育」，為我們整個司法環境中出現的問題，提供更開放的思考空間。選擇出版的重點，旨在（一）譯述世界法學經典；（二）就我國司法現況所面臨的問題，引介其他國家之相關著作，以為他山之石。（三）針對現今司法弊病提出建言。系列之精神在於突破學校現有法律教育之窠臼，致力司法教育與社會教育之融貫。就翻譯作品部分，計畫以下列若干範疇為重點：（一）訴訟程序與技巧；（二）法律與社會、政治的關係；（三）西洋法理學經典。卡多索（Benjamin Nathan Cardozo）大法官說過：

「法律就像旅行一樣，必須為明天作準備。它必須具備成長的原則。」對我們而言，成長或許是明天的事，但今天，我們期待這個書系能為中國輸入法律的血液，讓法律成為社會表象價值的終極評判。

〈導讀〉法律是什麼？法哲學的思辨旅程

本書《法律是什麼？法哲學的思辨旅程》，日文原題為《法とは何か——法思想史入門》，作者長谷部恭男（Yasuo Hasebe）生於一九五六年，現任日本國立東京大學名譽教授。

以上簡要至極的資訊，其實已經透露了商周出版「人與法律」系列叢書何以選擇本書進行中譯的具體理由。浮面諧謔想當然耳的也許是：「入門書」（現在的學生不愛看艱澀鉅著）、「東大」（亞洲第一名校）教授。再動動書名，順風搭一下哈佛名嘴桑德爾的商業奇蹟暢銷書／影集《正義——一場思辨之旅》（正義的思辨居然可以跨國熱賣，是謂奇蹟）的便車云云。從商業，不，推廣的考量而言，這些理由其實滿正當的。不過，還可以挖得更深一點。

無論戰前戰後，日本法學都是台灣法律近代化的第一推手（姑且不談其影響是正面的還是負面的），然而近三十年來台灣對於日本（憲）法學界的重要著作，卻甚少有系統的引進。除了一九八〇年代李鴻禧教授曾譯介小林直樹教授的名著《國家緊急權》之外，我想不出還有哪一部思想性的日文法學名著曾經被翻譯成繁體中文。當然，這或許是因為台灣的法學界已經獨立自主，無須附庸——至少無須經由日本提供二手資訊，直接向歐美取經。

不過，亞洲第一個痛下決心「脫亞入歐」的日本，對於接受、詮釋與實踐啟蒙主義以來近代性的各種嘗試，在戰前影響近鄰諸國至深至遠；然而敗戰後劇烈的民主轉向，卻並未以相等的力道再次影響近鄰諸國。換句話說，包括台灣在內的東亞近代國民國家的基礎理念中，還有甚多戰前的殘渣餘孽留存至今。這是一個弔詭的現象：中華民國打敗了日本，戰敗國日本變成民主國家，戰勝國中華民國／中華人民共和國卻停留在納粹時代。一九四五年這個關鍵的分歧點，祝福了日本，卻詛咒了台灣與中國。

這是一齣悲劇，而悲劇源自於東亞近代國家的想像，都追隨日本模式，全盤接受了普魯士第二帝國的國家與民族想像——一種由上而下、少數菁英主導的nation-building。這是一種翻轉社會契約論的建國運動，不是先有公民社會（civil society），再由公民社會授權創制國家機器；而是先有國家機器，再創造國民，然後寄望假以時日，國民能成長為公民，形成公民社會，並追認國家權力來源的正當性與合法性。這種翻轉社會契約論的建國運動，起初是迫不得已的選擇，完全值得原諒。但是政治權力永遠難以抵擋掌控國民的誘惑，所以「軍政－訓政－憲政」的理想很快地淪陷，實際的情形則是「軍政－訓政－再訓政－又訓政」，國民永遠是國民，國家用盡全力阻擋國民成為積極主動的公民，阻擋馴服的國民社會成長為有能力承認、中止、變更社會契約的公民社會。這樣的國家經常可以觀察得到的共通現象很多，例如：

(1)客觀民族主義與集體主義所創造的「國民」（≠公民）＝「國家優於國民」、「民族（集體）優於個人」、「國權優於人權」

(2)大學教育部化＝國家壟斷歷史記憶並檢閱知識形成

(3)特別權力關係＝國家排除軍公教與學生於公民社會之外

(4)普魯士文官制度的影響＝行政優於司法的傳統

(5)納粹＝「理性獨裁」、「雙重國家」神話的起源＝啟蒙諸價值的反命題（資本主義價值例外）

「先創造國家，再創造國民」的弔詭以及根深柢固的傳統亞洲文化，與啟蒙人權思想產生衝突是可想而知的。明治日本的作法，採取的是顯教（傳統天皇主權）／祕教（從少數統治菁英過渡到大量近代國民的創造）的二元主義。而作為國家意識形態的生產者與解釋者的最高學術機構——東京大學法學部憲法講座，也必須同時顧及顯密二教的形式主義。因此從一開始，東大的憲法講座就有兩個傳統：國體派（穗績八束、上杉慎吉、筧克彥）與立憲派（一木喜德郎、美濃部達吉、宮澤俊義）。這個傳統雖然因為軍部的抬頭（顯教勝出），以及敗戰後的強制民主轉型（密教勝出）似乎中斷，此後五十年，東大憲法教授個個自認人權派。但是就我極為個人的觀察，我認為維持了半世紀之久的護憲派主流（尤其是憲法第九條永久放棄戰爭），已經出現鬆動。原本就是權威主義橫行，容易與國家勾搭的東京大學法學部，現在又出現了不少識時務的俊傑——其中甚至還有醉心許密特（Carl Schmitt）的少壯派。維護民主和平的現行憲法，如今已經不再是討好而政治正確的勾當，而且這個現象也延燒到其他大學。而在這個戰後以來最艱難的時刻，抵擋傳統右翼與新自由主義、負責護憲重責大任的東京大學憲法學家，就是本書的作者長谷部恭男教授。

從這個國家想像／憲法詮釋的歷史變遷過程看來，很顯然地，日本這個非自願民主轉型的民主國家，因為百年前的宿債，現在正面臨前所未有的憲政危機。而根據長谷部教授的見解，所有的危機都根源自日本公民社會不夠茁壯。因此以一個憲法學者，撰寫這本法律思想的歷史，我們可以發現：除了第二部屬於正統法理學的探討之外，他最關心的就是古典社會契約論思想的復權，而其關鍵字正是公民社會（日文稱為市民社會）應如何抵抗國家權力、抵抗不義的法律。這是一本很不像法思想史的法思想史，對於羅馬法以來的市民法（現在的法律系誤為「民法」的那個東西！）傳統幾乎毫無著墨，卻不斷探討（在市民法上沒什麼貢獻的）希臘哲學家們的政治哲學，以及啟蒙主義思想家的社會契約主張。他強調的法「思想」，其實是公法版耶林（Rudolf von Jhering）的思路，是一種「法律就是權利保護，而權利的獲得與維護需要（與國家權力）鬥爭」的、戰鬥的法思想史。他用淺顯的文字，嘗試說服大多數甘於被動的「國民」，再度翻轉明治以來的國家思維，使之重回社會契約論的正軌。而本書許多篇幅，都從最基礎的法＝權利理念的重建，顛覆長期盤據於公民社會之上的訓政國家（乃至於帝國與資本）的御用神話。舉一個最簡單的例子：如果沒有自由公民就沒有民主國家，那麼近代憲法就一定是個人主義憲法，所以國家以「公益」為理由徵收公民的土地，法理上就必須負完全的舉證責任。這個時候，國家，甚至地方政府還敢隨便徵收山林、海岸、農地、甚至祖墳去蓋他撈什子的什麼水壩、核電廠、科學園區、觀光飯店嗎？

長谷部教授的公民社會論，無論在日本或台灣，都有很重要的當代意義。原因之一，是因為如今的公民社會所面臨的敵人，並不只是戰前般無所不至的國家權力。冷戰結束之後的新秩序，使得現代國家，幾乎毫無例外地必須在帝國主義與跨國資本的雙重箝制之下，放棄相當部分的主權。愈缺乏政治文本、公民社會愈不發達的國家，讓渡給帝國與跨國資本的主權愈多——此處所謂的主權讓渡，說穿了就是讓渡公民的各種權利。像台灣這種轉型正義形同兒戲的準國家，其國家權力更是自我作踐到淪為帝國與跨國資本的保全公司（我在「保全公司」和「看門狗」兩個修辭之間迷惘了許久），而且其讓渡主權對象之一的帝國，還不只是近代文明病態極致的美利堅帝國，居然還包括前近代文明極致的中國帝國。因此，如今若要以公民社會的茁壯作為抵抗權力暴走的基礎，那麼這個公民社會就不能局限於古典國民國家的領域之內，而必須建立互通聲氣的跨國公民社會。畢竟，唯有強大的跨國公民社會，才能力破早已淪為保全公司、卻又顢頇地死守陳腐近代國民國家邏輯的聯合國思維。而且，台灣才能夠從獨立／統一二律背反的陷阱裡，殺出一條辯證性的活路。

輔仁大學法律學系教授　吳豪人

〈推薦序〉

為什麼你需要去思考「法律是什麼？」

任何對於法理學或法律哲學有點認識的人都曾思考過「法律是什麼？」這個問題，正是這門學科的終極關懷之一。但好像也因為如此，「法律是什麼？」常被認為是喜歡法理學，或是某些「高深學問」的人，才需要去認真思考的問題。至於「非以法理學為志業」的法律人，似乎只要能夠弄清楚在具體個案中該用哪個法條，或者哪個最高法院見解，然後做出決定就夠了，不需要去論述「法律是什麼？」這種大題目。而對於一般人民而言，「法律是什麼？」好像也不是這麼切身實際。但真的是這樣嗎？

其實，法律人就個案所進行的任何爭論，其實都涉及法律人自身對於「法律是什麼？」這個問題的想法，只是不一定每個法律人都很清楚地意識到這點。也正是因為如此，當他認為他的見解、決定是正確的，但受到拒絕、批判時，他通常會抱怨批判者不懂「法律」！雖然彼此批判的人，同樣都是以法律作為專業的人。美國重要的法理學家德沃金曾說，法理學其實是任何法律決定的「無聲前言」，指的就是如此。而法律人只有透過將這個「無聲前言」變成「有聲」的過程，也就是確實的思考，對自己而言「法律是什麼？」這個問題，才有可能再衡量與再判斷自己與其他同業者關於「爭議」的真正問題點。而不是變成以權威來壓迫，或只抱怨對方不懂法律。

至於一般人民則更是要去思考法律是什麼。為什麼呢？為了可以讓你在國家機關以「法律」為名，進行各種讓人覺得反感乃至於不正義的舉措時，能夠具體提出抗辯。與大眾或個人生活息息相關的政策，如任意調漲油電費率、不公平的社會保險安排、不合理開發案的強徵土地、過分的警察權行使等等之類的作為，一般民眾除了抱怨或無奈感嘆以外，還可以具體地跟國家機關爭論，說它的措施跟作為根本就不是依照「法律」，只是單純的暴力手段罷了。換言之，思考這個問題是一種培養公民力量的過程，而透過思考批判的能力培養過程，公民才不會淪為國家機關以「法律」為名進行奴役的對象，才夠格當一個國家主人。

但該怎麼思考「法律是什麼」？最簡單的方法，就是看看別人怎麼思考。日本東京大學長谷部恭男教授的《法律是什麼？法哲學的思辨旅程》就是從這個角度出發來討論。本書的第一部，由霍布斯、洛克、盧梭、康德等歐陸啟蒙思想家出發，討論在現代意義下，國家作為人群的集合如何才能取得正當性。在第二部，則透過介紹凱爾森、哈特、德沃金等本世紀英美語系中最重要法理學家的見解與爭議，來討論法是什麼、法與國家的關係、法治的意義等等核心問題。最後，透過上面思想史的介紹、討論，來檢討民主政治的意義是什麼，以及遵守法律的道德義務由何而生。

本書的內容包含了許多重要的議題，而且深入淺出，非常適合作為有興趣開始思考「法律是什麼？」的讀者的入門書。

如上所述，思考「法律是什麼？」這個問題，不單只是想要研究法理論或法律哲學者的責任，也是從事法律實務工作者必須反思的問題，更是現代公民要做個夠格國家主人的必修課程。

政治大學法學院副教授　周伯峰

目錄

第三部　民主立法好在哪裡？

前言

本書是以法律是什麼、該如何運用，特別是以法律及道德的關係為焦點進行考察。大部分讀者對於「法」應該都有個共通的印象，亦即法就是法律、條例，以及法院判決。另一方面，「道德」一詞則經常被用於不同的地方，例如勤勉的美德（若有人不肯做工，就不可吃飯）、性道德（不應公然為之）。這些社會通念上的道德，是國家大部分的人皆同意的，但這並非本書中所稱的道德。另外道德也有如基督教道德或佛教道德等，具有信仰之人才會信其為真實的體系性行動方針，但這也不是本書所稱的道德。

本書所討論的道德，是指身而為人應如何生存？採取何種行動？對照其理由並加以玩味的工作過程，以及玩味的成果，亦可稱為實踐理性的運用。畢竟，人應該是一邊活著，一邊對照著理由，思考該如何生存，或該採取什麼樣的行動。既然生而為人，不可能與道德分離而活著。與此相較，是否要遵從基督教的道德，端看你是不是基督教徒；至於勤勞道德的勸誡，也只是在一般的情況下適用，僅此而已，畢竟我們不可能強制那些靠利息為生的人去工作。

本書撰寫的目的，在於探討「道德」既然是身為人就不可能與之分離而生存的問題，那麼它和「法律」之間的關聯是如何？

我本來是憲法學者，憲法學者也是法律學者的一種，所以也從事實務工作（雖然沒有參與實務的學者也不在少數）。我撰寫本書之際，既參與政府的各種會議（例如，為導入與稅務和社會保障的整體改革相關的個人編號制度，所產生的個人資料保護制度之檢討會議、服務業者責任限制法是否有重新檢討必要的相關會議等），也受律師事務所委託撰寫法律意見書（在此還是先聲明，只有和我非常有交情的人來委託，我才會幫忙撰寫意見書，因為我平常已經很忙了）。

另一方面，憲法學者其實也研究和法學不太像的政治思想史或法哲學（也不是每位憲法學者都如此），但在政治思想史或法哲學有深入研究的優秀學者，都各自在自己領域的最前線為研究而忙碌，無法寫一本書給我這樣的門外漢。由於沒有一本書把我想知道的事全部寫進去，所以沒辦法，只好自己動手。

河出書房新社的朝田明子小姐，勸我動筆寫了這本書，並整理原稿、對章名及小標提出提案，以及進行校對等一般編輯作業。對於原稿的內容給了相當多的建議。另外，東京大學的助教中岡小名都先生，不但仔細閱讀全部的原稿、提供意見，也協助我製作索引。在此致上最深的謝意。

二〇一一年五月

序章　對你而言，法律是什麼？

我不能和你一起玩，狐狸説，我還沒有被馴服。

——聖修伯里《小王子》

「馴養」的互動產生彌足珍貴的結果

聖修伯里《小王子》中的主角，是一個來自很小很小星球的王子。他在自己的星球上種了一朵玫瑰，種植了之後，這朵玫瑰仗著自己很美，便對小王子頤指氣使，提出很多無理的要求。小王子雖然覺得很困擾，但因為對玫瑰的美很著迷，還是非常用心為玫瑰澆水、罩上玻璃罩以及除蟲。

故事中有一幕，當小王子離開自己的星球，了解世界的遼闊之後，才發現原來和自己種的玫瑰一樣美的花多得不得了，他感到非常悲傷。他想到自己的用心究竟算什麼，原本以為那朵玫瑰是全世界最美麗、最特別的花，沒想到竟只是普通的玫瑰。

狐狸的一番話解決小王子面臨的人生危機。狐狸告訴小王子「和對方建立特別關係」（creer des liens）的重要性。在此，狐狸用了非常動物觀點的修辭——「馴養」（apprivoiser）。

我的生活很單調。我獵取雞，獵人獵取我。所有的雞都是一樣的，所有的人也是一樣。於是我感到有些無聊。但是，假如你馴養我，我的生活將如同充滿了陽光，我的世界將會改變。你的腳步聲會與其他所有的腳步聲不同……你的腳步聲像音樂一樣把我從洞裡叫出來。再說，看吧，你看見那邊的麥田嗎？和你髮色一樣的金黃色。如果你馴養了我，一定很美好的。看到金黃色的小麥田，我就會想起你。而我，也會喜歡吹過麥田的風聲。

小王子因此發現，為什麼自己的玫瑰這麼重要，不是單純因為她很美麗，其他大多數玫瑰儘管都同樣美麗，但小王子和她一起度過日子的記憶，才是使她變得特別、變得重要的原因。她對小王子而言是無可替代、世上唯一的玫瑰。因此小王子對其他玫瑰說：

妳們一點也不像我那朵玫瑰花，妳們什麼也不是。沒有人馴養妳們，妳們也沒有馴養過任何人。……妳們都很美麗，但就只是很美麗，沒有人會為妳們死。……和妳們比起來，我的玫瑰花更重要。因為我澆的是她；因為把她放在玻璃罩下的是我；因為給她一個屏風擋風、為了她殺死許多綠毛毛蟲、聽她抱怨，聽她吹牛，或者看她默不作聲的都是我；因為她是我的玫瑰花。

把小王子的話（或說狐狸的話）稍做一般化的解釋便是，每個人都能和事物（或和其他人）建構親密關係，而獲得只屬於自己最重要的東西。也許你的玫瑰和其他大多數的玫瑰一樣，只是一朵漂亮的玫瑰，但因為你一直照顧她，這朵玫瑰對你而言，就是一朵重要而特別的玫瑰。

有價值的東西是有限的

這個故事很感人，但有些值得我們注意的地方。

不管是什麼人事物，並不是只要你誠摯地照顧，就一定會獲得有價值的東西；除非被照顧的對象本身就有價值。只有在對方很美麗，或者做這件事是為了這個社會、做這件事非常有用等等前提下，才能與對方發生親密關係後，獲得有價值的東西。不過仍然要特別聲明，這裡所提客觀而言到底「有價值的東西」是什麼，並不需要以所有人都能接受的唯一答案為前提。不過大部分的人心裡已經有一定標準（例如美麗的事物總比不美的事物好），才會以這個一致的意見為前提，形成至少「客觀而言是有價值的」這種程度的意義。

小王子的玫瑰也一樣，因為這是朵美麗的玫瑰，小王子才覺得有照顧她的價值，如果是一株根本不會開出美麗花朵，甚至是會散發毒素或惡臭的雜草，不管照顧得多努力，也很難說會因此獲得重要的東西。

或許有人認為，努力照顧這件事，就算對方沒有這樣的價值，只要不斷努力照顧，還是會有其他人生的意義。確實有時會是這種情形，例如，的確會有人是透過蒐集掉在馬路上的髮夾，或是把日本所有鐵路車站的名字全部背起來這種事，來確認自己人生的意義。但這種情形單純只對做這件事的那個人有意義，從第三人的觀點而言，這些只是浪費精力在無聊的小事上而已。

再舉一個例子。本書的編輯是朝田明子小姐，所謂編輯，就是確立企畫、委託作者寫稿、稿子寫不出來就在適當的時間催稿、讀了稿和作者討論哪些地方難以理解或過於奇怪，請作者修改。總之，編輯是個很辛苦的工作。朝田小姐是個很有魅力（比起「美麗」這個詞，「怡人」更適合）而可親的人，所以我非常感謝她。我們的關係雖然沒有像小王子和玫瑰這麼親密（我特別小心修辭，以免造成朝田小姐的困擾），但對我而言，朝田小姐擔任我的編輯來照顧我，這是一件非常有價值的事。只是，對於朝田小姐而言，和我搭檔的這個編輯工作是否有價值，那要看這本書是否是能讓許多讀者接受。如果這是本非常無聊、結果也賣得不太好的書，這次的編輯工作對她的價值，搞不好反而是負面的。縱使朝田小姐把這次的失敗當成邁向未來的動力，這種想法也只對朝田小姐自己的人生有意義，而且只是一個非常不確定的意義。從客觀角度來看，編輯這樣的書是沒有價值的。

一件事究竟是真正有價值的東西？或只是對某個人有個人意義？我們不能忽視這樣的區別。

國家的價值

本書是以思考法律是什麼為主題，所以也該進入正題了。

人尋求關係或連繫的，並不限於像是花、動物或其他人這樣具體的東西。例如，一個人在像是河出書房新社這樣的公司上班，這個人和這間公司便會產生密切（或許也沒那麼密切）的關聯。你和自己居住的社區，或是你出生長大的國家，也是有所關聯。

個人和這些大型組織的關係，通常建立在「盡自己該盡的義務」上。例如，為了公司努力跑業務、為了自己居住的社區而打掃馬路或水井、幫廣場除草、在太過炎熱的馬路灑水降溫等。或是為了國家而納稅、為了讓政治更好而發言（就算是大熱天也要去投票）。當然，這種組織也會為成員提供各種服務，但光是接受服務就能產生「自己也是組織的一份子」的意識嗎？不用工作就能坐領高薪，對於公司的忠誠度會高嗎？完全不加入打掃或灑水工作，只享受地方政府提供的育兒或醫療服務，這些人對於這塊社區就會產生歸屬感嗎？國家意識也是一樣的道理。

為了國家盡自己的義務，人才會和國家產生特別的連繫感。藉由討論、集會或選舉活動等，積極參與政治，對國家的歸屬意識會更強，而這對於自己的人生也能累積具有意義的寶貴經驗。

不過為國家盡義務和參與政治，客觀來看是否具有價值，又是另一個問題。前面提到的栽培植物或書本編輯，在參與政治也可以套用。積極參與政治、對政治提出建言的這些行動具有價值，僅限於其結果達成了政治原本的目的，亦即維持及提昇社會全體的福祉。如果自己所支持的政治，是以非專業的判斷所做成的不成熟計畫，而且實行該計畫後完全看不到成效，反而加速了財政上的困難。這種參與政治，就很難說具有價值。

縱使如此行動對自己的人生有意義，甚至因為參與政治而確認了自己生存的意義，仍然是沒有價值。

簡而言之，為了某個組織盡自己的義務，和組織產生緊密的關聯這件事是否具有價值，客觀而言，是以這個組織的活動是否具有價值而決定的。為了非法進口、販賣毒品的組織賣命，很難被認為是具有價值的行為。

這個道理，在與國家的關聯性上也適用。這個國家的活動本身，整體而言如具有價值，為了國家努力盡義務才能說是正確的。如果這個國家的行動會招致自己的人民甚至周邊國家人民生命或財產上的重大危險，則就算是自己的國家，也沒有讓我們效命的價值。

本書的課題

以上的論述和法律有什麼關聯呢？

和公司相同，國家是由多數人（國民）構成的法人。和活生生的人不同，法人是一種約定俗成的權利主體，說到底，它只存在於我們的腦袋裡面。所謂國家，是透過制定法律、執行法律而活動（亦即，因著大家的約定，形成法律並透過法律活動）。我們為了國家盡義務，不管是什麼樣的義務，也都是透過法律決定的。所以我們可以說，透過遵從已制定的法律，便產生與國家的連繫。

因此，國家的活動是否具有價值，取決於規定國家組織的存在及其活動內容的法律有什麼樣的價值（或沒有價值）。

這個問題可以再談得深一點。首先要問，國家這個大家約定好的組織，本身是否具有價值？透過法律進行活動的這個組織本身，是否具有價值，並非自明之理。

由大家約定組成的國家，就算一般而言具有價值，但如前所述，也並非所有國家都具有價值。有些國家，人民為國家盡了義務所換得的，卻是失去了自己的人生。

再往細節講，一個國家整體而言，就算有照顧到國民生活，對於維持國際和平也很有幫助，但支撐這個國家各種活動的法律，也不盡然都是良善的法。

本書首先將探討，大家對於國家存在的約定是否有價值；接著探討縱使依約定而生的國家有價值，整體而言，國家為了人民該做什麼事，必須花費什麼樣的心思。因此，需要進一步思考「法律到底是什麼東西」、「為了制定法律，現今大部分國家採行的民主政治具有什麼樣的特質」等問題。從這些問題中得出了大致的答案後，還有最後一個問題：就因為是我們的國家所制定的法律，所以非遵守不可嗎？

蘇格拉底認為即使錯誤的裁判也應該遵守，因而接受了自己的死刑判決。他居住的雅典，從現代人的角度看，很難說是個很棒的國家。雅典雖然是個民主國家，但既不愛好和平、也不保障思想自由（蘇格拉底的罪狀之一，就是他否定國家所公認眾神的存在）。當時的雅典；並不是個嚴格貫徹「法支配」的國家；再者，就算成為死囚，要逃獄其實並不困難。縱使如此，蘇格拉底還是接受了死刑判決，這種作法正確嗎？這是本書最後要探討的問題。

文獻解題

聖修伯里的《小王子》，有不同的翻譯文本。筆者幼年讀的是《星星王子》（內藤濯譯，岩波書店，二〇〇〇年），不過本書的內容是筆者自行翻譯的。

小王子與玫瑰花這段插曲，曾被幾本哲學書籍用來作為探討的題材。*Value, Respect, and Attachment*（Joseph Raz, Cambridge University Press, 2001）的第一章，或是"Really Seeing Another," *Conversations on Ethics*（David Vellement, Oxford University Press, 2009）等均為其例。本書所言，透過親密關係的產生所獲得的價值，只有在相連結的另一方具

有價值的情形下才能發生，這個觀點就是從拉茲（Joseph Raz）的論文裡獲得的靈感。

紐約大學教授大衛．威利文（David Vellement）在其著作中亦以這段插曲作為題材，指出依據「愛」（love）與依據「親密關係」（attachment）所造成的連結並不同。他認為，面對美麗或身材高䠷等個人特徵或個人行動產生的人性反應，那是由於愛著這個人。因此，人可以愛上並不那麼親密的人，或是長期親密交往後，不一定仍然相愛。愛人的人，對於對方會毫無防備，當面對良善人性，防禦心自然會下降，而愛會使人受傷正是因為如此。小王子被玫瑰的話給刺傷，一方面也是因為不知道對方是否確實正視並面對自己的本性。

是否接受「人性本善」決定了是否接受他的見解。至少，人為約定組成的國家，並不具有這種性善論的本性。依據威利文的見解，人不可能去愛國家，人只能透過盡到國家要求的義務，和國家產生密接的連結。當然，一個國家也不可能去愛另一個國家。

不少人主張，參與政治這件事不僅為參與的個人賦予生存的意義，客觀來看也是有價值的事。政治思想史家漢娜．鄂蘭（Hannah Arendt）最是其中典型。社群主義者也經常主張，為自己所屬的社群或國家盡義務，便會產生根源性的價值。請參照鄂蘭的《論革命》（志水速雄譯，ちくま學藝文庫，一九九五年）第一八三到一八四頁。

但是這種主張和本書的看法不同。因為這種主張並未區分「只對其本人有意義」和「從第三人角度而言，該活動亦有價值」。對於自我期許「只要努力總有一天會有回報」的人，前項主張可以給人夢想，但很可惜這終究只是個夢。小王子認為照顧玫瑰有價值，是因為玫瑰很美（從「只要是雜草就立刻拔掉」這點看得出來）；他和狐狸感情好，也是因為這隻狐狸非常聰明，告訴他這是個怎樣的世界，以及如何生存這些重要的事。他們的連結因此才有價值。總之，參與政治具有意義，是因為我們自覺參與了某種「重要事務」而引以為傲，而這其實是很歇斯底里的幼稚想法。因此，只有當國家在整體上「做得還可以」的時候，愛國（或者愛憲法），才會是正確的。

另一方面，社群主義者也經常主張，如同國家、民族或家族，雖非自己所能完全選擇，但與偶然出生落腳的這些社群建構緊密的關係並加以維持，就已經賦予生命本身最根本的價值。如本文所述，對於自己所屬的組織盡義務，確實會給予自己生存的意義。但客觀來說，這麼做是否就是有價值的人生，還是必須視自己所屬的國家、民族或家族是否具有價值而定。如果是個不得已面臨崩壞的家族，應該沒有必要對其執著。為了邪惡國家從事諜報活動而賭上性命，也無法說是偉大的事。對於日本人而言，身為日本人這件事並不重要，重要的是讓日本成為良善的國家。

社群主義者對於這一點漠不關心。原因在於他們大多數是以美國為活動的舞台，因此對於自己所屬的社群是否具有價值這件事，根本不重視（美國「當然」是個良善的國家）；而這也由於社群主義者習慣混淆「應賦予每個人什麼樣的選擇權」及「對於社會有何價值」。這一點將在本書第六章「使人們得以共同生存的憲政主義」另行論述。

而「國家是個只存在於每個人腦海中的法人」的概念，本書之後也會不斷提及，特別在第十章〈法律與國家——何者優先？〉中會詳細探討。

第一部

國家是怎麼來的

第一章 為什麼要有國家？

所有事物都有其必須如此的理由。

——村上春樹《世界末日與冷酷異境》

服從權威的理由

人類會採取行動，一定都有理由。這裡所謂的理由，是指說明「為什麼這樣做是正確的」或「為什麼這樣比較好」的理由，也就是「實踐性理由」，英文稱為「practical reason」。這與說明因果關係等數學性邏輯的「理論性理由」不同。

人類在採取行動時，追求的是這種實踐理由。至於火山為何爆發，或鳥為何會飛，則是說明因果關係的理由，因此並沒有人能說明火山爆發為何是正確的。

人類總要考量各種理由之後，才決定採取何種行動。今天晚餐要吃什麼？豬排咖哩、奶油蛤蠣義大利麵，還是壽喜燒呢？這種時候，你應該會考量自己的喜好、食材的價格、營養成分或食物對健康的影響，來做出今晚吃什麼的決定吧。有時我們不用考慮這麼多因素，例如，「今天早上看到同事為什麼要說早安」這個問題，具有「這樣做是這個社會大家所認同的禮貌態度」這個理由。如果不打招呼，就是選擇違反禮貌，而通常大家只要沒有太強烈的理由（例如超討厭那個傢伙），都不會選擇不打招呼。

但這些理由有時並非基於自己的判斷，而是遵從其他人的判斷。為什麼會遵從其他人的判斷也是有理由的（毫無理由遵從他人的話，並非是人類的生存方式）。如同孩子一般會遵循大人的判斷一般，其他像是知道這個人比自己還擅長下判斷等等，也是典型的例子。比起自己的判斷，遵從某個人的判斷是有理由的；這樣的存在我們可以稱為「權威」（authority）。

遵從權威在怎樣的狀況下是有理由的？關於這個問題，從法哲學、政治哲學的領域有以下的標準說明。

一個人採取行動一定有理由，原則上應該由自己判斷什麼是適切的理由。但因著事物性質的不同，也有可能認為由自己判斷，不如委由他人判斷，這樣才能找到真正適合自己的理由，並能採取更適合的行動。這便是遵從他人權威的理由。如前所述，聽從某些知識比自己豐富的人，也是其中一例。登山時如果不聽從嚮導的話，有可能喪命；學習語文亦同。比起自己摸索學習，找個好老師會比較有效率。不管是嚮導或老師，都是比自己更能做出適切判斷的人，這就是他們被當成權威的理由。

當國家擁有權威

國家對於它所支配的人們，也常要求大家不要各自做判斷，應聽從國家的命令。最典型的例子便是制定法律，要求人民遵守。國家以此主張自己是權威。但這樣的主張，在什麼時候會被認為是有理由的呢？

如同登山嚮導和語文教師的例子，國家自認比一般人民具有更豐富的知識。只是，究竟在何種情形之下，這個自我認知才是正確的呢？這很不容易回答。在政府機構中，確實有很多通過非常困難的考試、頭腦很好的公務員在為政府服務，但就個別的政策議題，政府機關事先擁有的知識，和一般人相比，真的比較高明嗎？一般而言，未必如此。如果是個別的政策議題，政府應該找各種專家，並聽取這些專家的意見才是。政府聽取社會各界專家的意見，並做成決策的情形雖不罕見，但各界專家意見相左而爭執的情形也常發生。例如，最近最為人所知的核電廠。核電廠內冷卻裝置的電源，是否可能因地震或海嘯而全部喪失功能？專家之間爭執不休。

即使不假設國家較一般人民擁有更完備的知識，仍必須將國家當成權威。尋求協調問題（co-ordination problem）之解決，即為其典型的例子。

協調問題大致上係指，雖然大家都希望其他人也採取相同的行動，卻因無法確實預測大家會如何行動而感到困擾。以汽車該靠道路的哪一側行駛為例。所有人都會認為，如果其他人走右側自己便走右側，其他人走左側自己也走左側。靠哪一邊都無所謂，但總是有必要決定到底大家該走哪一側。而決定走哪一側，並不需要特別豐富的知識，決定走哪一側才是問題重點。

日本或英國是靠左行駛，美國或歐陸各國則是靠右行駛。不論何者都沒有道德上何者較正確的問題，也沒有從人體工學角度何者較適切的考量。因此，這決定與權威是否具備豐富的知識無關。

諸如此類「無論如何要有個決定最重要」的問題，世上比比皆是。其中也包含群體累積的自然反應與慣例。早晨和他人見面，通常都會道聲早安，便是一例。外出工作時該身著什麼樣的服裝，也是依據工作禮節而定。這兩種都是依據慣例解決的協調問題。

只不過，希望累積所有人的行動而形成慣例，需要耗費相當長的時間，而有些問題並不能等待時間的經過再尋求解決。例如，道路交通規則、買賣時所使用的貨幣（是用日幣抑或美金？）另外如孩童幾歲一定要上學、以自己的收入必須繳多少錢的稅等問題亦同。為了維持治安、開設道路、港灣、學校、圖書館等公共設施，人民當然必須繳稅，但誰該付多少稅額，並非一句「你當然就要繳這麼多錢」就可以決定，而是政府先決定一個大致上的額度，只要不是太過分的金額，大部分民眾就會依政府的決定來納稅。因為如果不這樣做，這個社會便無法運行。

國家為了解決協調問題而制定法令，大部分人民都被預期應該會遵從該法令行動，有了共識就可以依據該法令來解決協調問題。相反地，在那些被稱為信用破產的國家，當被認為不論政府做何種決定，都沒有人會依據該決定而行動時，表示這個政府並沒有解決協調問題的能力，也因此沒有人會遵從政府的決定。其結果，政府無法被人民認為是一種權威，也可以說，這個政府並沒有理由能被人民當成權威。

從這樣的脈絡思考便可以得知，誰有資格被當成「政府」或「國家」，都與協調問題有關。「成王敗寇」這個用語經常被認為是一種犬儒主義的典型表現，強調正邪的判斷均由實力決定。但實際上這也說明了另一個道理：如果不是因獲得勝利而得到人民服從的政府，根本就無法發揮政府的功能。國家希望讓人民認同其權威，實際上就必須讓人民願意服從，為此，必須要有「現實上大部分人民確實服從國家」這樣的事實給予支撐，並且從此預測大部分的人未來仍會遵從這個「國家」，並認為它是個權威。

國家權威的界限與個人選擇的範圍

國家被當成權威的理由，除了國家較人民擁有更多知識之外，方才的例子說明了國家是為了解決社會中每個人都會遇到的各種調解問題。下一個問題則是，國家權威的範圍到底有多廣。而這個問題，也包括什麼事情屬於應由國家解決的協調問題，或者如何判斷問題是否需要更多卓越的知識才能解決。

人民應該信仰哪種宗教，或應該擁有什麼樣的世界觀，應由政府決定，人民遵從這個決定就好了——這種國家也是存在的。但若站在「人們應如何行動，及採取該行動的理由係個人自行判斷」這樣的原則出發，則縱使國家宣稱要信仰哪種宗教應該由國家決定，也應該告知人民做這種決定的理由。那麼，宗教信仰屬於協調問題嗎？或者，國家是否擁有比一般人民更多的知識，能判斷哪種宗教才正確呢？至少，有關什麼叫「正確的宗教」，國家似乎並不具有比一般人民更卓越的知識（理由容後敘述）；因此，宗教

如何能說是協調問題？

思考協調問題有個前提，就是關於這個問題，大部分的人都認為問題結論不重要，只要大部分人的想法相同，或者不與大多數人的選擇衝突即可。

在這世上，這樣的問題確實多如牛毛。一般來說，個人並不會特別去思考這個問題。從早餐要吃什麼這種小事開始，假日要去哪裡玩、音樂要聽德弗札克還是布拉姆斯。此外，要跟誰結婚，甚至要不要結婚、該選擇什麼樣的工作、現在的工作要做到什麼時候等等，人生的重大決定都是自己做決定（當然偶爾會需要與周遭的人商量）。該如何行動、該做什麼樣的選擇，都由自己決定——為什麼由自己決定？關於這點有下列兩種說法。

第一種說法是，因為該做什麼樣的選擇，只有自己最清楚。早餐吃炒蛋搭配柳橙汁？或是吃白飯配甜菜油豆腐的味噌湯？哪一種比較好吃，吃哪一種感覺比較幸福，只有自己最清楚，所以應由自己判斷。當然，判斷時也必須考量成本，從美食獲得的幸福感和成本過高產生的不幸感之間，求取最大化的幸福。但包括財務狀況等客觀情況，應該也只有自己才最了解，因此讓個人各自判斷，對於個人才會產生較有效的幸福感。從整體社會的角度，讓個人各自判斷，也能獲得最大多數的全體幸福。這也是為什麼國家盡可能不介入人民個別的自由選擇，才會獲致社會幸福最大化。

另外還有一種說法。面對生存而不得不做的選擇，並不限於炒蛋及柳橙汁，或是白飯配甜菜油豆腐的味噌湯，這種單純的選擇。該選擇何種職業？想當一位勇猛果敢且沉著冷靜的將軍，還是想成為世界頂尖的芭蕾舞者，這兩者是不能並存的。況且，在選擇時，只考慮選擇所帶來的好處和成本作為選擇的理由嗎？應該不是。身為將軍的人生和身為芭蕾舞者的人生，兩者是無法比較的，不純粹是因為兩者不能並存，而是因為這兩種人生哪一種好，並不是加減乘除計算一下就能做出選擇。

「無法比較」，或稱為「價值的不可比較性」，說的就是這麼一回事。以早餐要吃炒蛋配柳橙汁，或是白飯配甜菜油豆腐的味噌湯，實在難以決定。假設在前者的組合中加上草莓優格，就會傾向選擇炒蛋配柳橙汁，那麼這兩種早餐選擇就有比較的可能。只要比較吃完兩種早餐後所獲得的幸福感即可。因此，如果是附上優格，就會選擇吃西式早餐。

相對地，當軍旅生涯與芭蕾舞者的人生兩者做比較時，縱使選擇前者，亦即選擇當軍人，而且還是個語文能力甚強的軍人，也不能證明當軍人比當芭蕾舞者來得好。選擇了比較想要的那種生活，並不表示選擇的那個比較好，因為這兩種生活方式並沒有足以比較的共同標準。

其實，不管是身為軍人還是身為芭蕾舞者，哪一種比較能帶給人幸福感？哪一種所需要的成本比較高？沒有親身經驗是不會曉得的。該和誰結婚，甚至該不該結婚，這種問題也一樣，是無法比較的選擇。

面對無法比較的選項，人們還是得做選擇。經由此種選擇，人們也選擇了自己將成為什麼樣的人（或是否成為一個人）——這就是「人」。人並不是由預算制約的、以將自己的功能最大化為目標的自動機器。而國家之所以不應介入個人的選擇，其實是為了保障人們生而為人應該享有的權利範圍。

回到宗教的問題。對於信仰宗教的人而言，宗教給予了他們生存意義和宇宙意義。因此「只要和身邊大多數的人的信仰相同，信哪個都可以」的想法是錯的。而且，該信仰哪種宗教，有沒有一種正確的知識判斷呢？各式各樣對立的宗教，因為無法相互比較，所以也不可能有共通的標準去決定哪個是正確的。因此，這樣的選擇也應委諸個人的判斷。

小結

人是基於理由而行動的動物，而這些理由皆由自己判斷而來；但也有一些行動是因為服從權威，而不是自己的判斷，服從國家權威便是其中一種情形。很多時候如果整個社會沒有一個標準答案，社會就無法運作，而此時只要有個決定，並要求大家都遵照這個決定行動，成了最重要的事。而誰可以代表國家行動，也是這類的其中之一。

另一方面，關於該如何行動，該做什麼樣的選擇？為什麼要讓個人自己去判斷？此點則有兩種解釋。第一種解釋是和整個社會的幸福的最大化有關，第二種解釋則是強調如何和法律相處。儘管我們不能完全忽視前者，但是我個人認為第二種解釋比較重要。而且這個解釋和近代國家、立憲主義的誕生有關，也與歐洲各個思想家的想法相吻合。當時他們面臨宗教革命之後，各種世界觀之間的激烈衝突。該如何建構一個社會讓人能活得像人？而這和賦予國家權威的基礎及其界限緊密相關。

下一章起，我會以霍布斯、洛克、盧梭、康德等形塑近代國家相關思想的思想家們為焦點，從他們認為的國家權威及其界限為出發點，探討該如何循著他們的軌跡繼續思考。

文獻解說

村上春樹的小說《世界末日與冷酷異境》的主角，是以諷刺的口吻說「所有事物都有其必須如此的理由」。這句話意思是，不論是多無聊的小事，做那件事也都是有理由的。所以主角才會說「真是的」。丸谷才一[1]也提過，村上春樹作品中的人物經常以「真是的」為口頭禪，或許是受了《史努比》查理・布朗的影響[2]。（《人形のBWH》，二〇〇九年，第二五八頁）。

第一節提到有關為何要遵從權威這個問題的標準說明，是基於拉茲的論述而來。他的文章〈權威與正當化〉（收錄於森際康友譯《自由與權利：約瑟夫・拉茲的政治哲學論文集》，勁草書房，一九九六年）是他撰述中最容易了解的說明。

至於協調問題，請參閱拙著《憲法的理性》（東京大學出版會出版，二〇〇六年）第七十一頁以下的簡單說明。關於協調問題的基本觀察，聖多瑪斯（Thomas Aquinas）

1日本的小說家、文藝評論家及翻譯家。
2查理・布朗的口頭禪「good grief」和日文的「yareyare」都有一種無可奈何的味道。

和大衛．休姆（David Hume）已經進行過論述。休姆提過的各種協調問題中，最常被舉出來的就是所有權制度。什麼東西該歸誰所有，雖然各國的規定不盡相同，但要在一個社會中生存，就一定要遵從所有權制度，如此才能決定東西屬於何人所有，並珍惜屬於自己的東西。在這個前提之下，人才會去尊重屬於他人的東西，有了這種態度，所有權制的社會也才能運作。此部分可參考休姆的《人性論》第三篇第二部第二節〈正義與所有權的起源〉。和休姆一樣，對所有權制度有所觀察的康德，在《道德底形上學》中也有說明關於動產即時取得之背景。

協調問題的討論，在賽局理論中經常可以看到如上圖所示的分析。雖然這種說明不應照單全收，但該圖能夠將事物單純化，有助於我們的理解，因此仍然有其價值。在這個圖中，A、B兩位當事人各有兩個選項，A的選項有A1、A2，B的選項為B1、B2。A的利益在兩人選擇組合結果的左側，B的利益在選擇組合結果的右側。在這個圖中，兩位當事人的喜好，在解決協調問題的兩組組合中並無差別。究竟要靠右通行還是靠左通行，對大部分的人而言，其實只要選好就好，靠哪邊其實並不重要。

	B1	B2
A1	1，1	0，0
A2	0，0	1，1

要吃炒蛋，還是白飯配味噌湯這個例子的相關論述，是基於功利主義的說明。如同傑瑞米・邊沁（Jeromy Benthan）在《道德與立法原理》的開頭所宣稱，功利主義者主張，道德性善惡的唯一判斷基準，是能否最大化社會整體的幸福。至於什麼是「幸福」則有各種說法。有認為將人類感受到的快樂減去痛苦就是幸福，亦有認為以金錢計算的效用減去成本費用才是幸福。從經濟學或社會學等所謂以「科學」分析社會現象的學科，大致上都以此種看法作為論述基礎。但這些論述是否確實是人類原本對於幸福的看法（亦即，從結論而言，人類是被設計成追求快樂、迴避痛苦的自動機器嗎？），則意見分歧。

人類的選擇，就算探究其選擇的理由，仍然可能產生不能比較的狀況——此一論點為政治思想家以撒・柏林（Isaiah Berlin）和拉茲所強調。請參閱柏林的文章〈理想的追求〉（《理想的追求》，河合秀和翻譯，岩波書店出版，一九九二年）或拉茲的〈價值之不可共量性〉（Value Incommensurability: some preliminaries，日文版收錄於森際康友編《自由與權利》一書）。而價值的「不可比較性」，英文為「incommensurability」，亦有譯為「不可共量性」。而該如何翻譯，本身就是一個協調問題。本文中的說明，因欠缺比較兩種以上事物的共通基準，故無法構成邏輯上的遞移律[3]，大致上係依據拉茲對於不能比較的說明。

無庸贅言，所謂不可比較，並不表示完全不能做大致上的比較。要成為軍人還是芭蕾舞者，可以比較的點其實很多。如哪一個會造成比較大的生命危險，哪一個和音樂家接觸的可能性比較高等。但縱使兩種選擇比較之後各有相異點，最後仍要抉擇時，這些比較都無法提供決定性的理由。現在要不要和這個人結婚，或是繼續過著單身花心男的生活，此種選擇亦然。

最後要提醒的是，有關早餐要吃炒蛋或白飯配味噌湯的選擇，就算最後決定選擇炒蛋加優酪乳，也無法判斷哪一種最好。這種情形正是美式早餐和日式早餐無法比較的地方。其實日常生活的抉擇，通常都存有此種無法比較的情形。因為當天的心情而決定吃白飯配味噌湯，並不是毫無理由的選擇，縱使人是基於各種理由而行動，並非表示所有事物總是基於積極的理由而採取行動。只要沒有「不應」做此種選擇的決定性理由，這樣的行動便不能稱為不合理。

在超市買一瓶avian礦泉水，並不是因為在選擇各種寶特瓶飲料時有其特定的積極理由。縱使如此，這也不表示「從中任意挑選一種」就是不合理的。我們每天所做的選擇或行動，大部分都是如此。而決定結婚對象，雖然程度上有差別，但本質不也和上述相同？對於現在所選擇的對象，你有自信確實是經過深思熟慮後所認為的最理想對象嗎？

3 transitivity rule，指A→B，B→C，則A→C。

第二章 以和平及自我防衛為目標的國家——霍布斯

據說（《聖經》中的）許多魔鬼都曾向耶穌基督懺悔，其實這些無須另作解釋，只須解釋為是那些瘋人向他懺悔。

——霍布斯《巨靈》

生存的意義——從蒙田到格勞秀斯

我的專業是憲法學，憲法這門學問，是法律學中非常新穎的一個類別。民法或刑法學可以追溯到古典羅馬時代，但是這個被我們稱為憲法學的學問，最早也直至十七世紀才在歐洲有個雛形。至於憲法學從民法學借用「法人」、「機關」等概念，讓這門學問有法律學的樣貌，則是十九世紀末到二十世紀初的事。

本章要探討的是被稱為憲法學始祖的其中一人：湯瑪士・霍布斯。想了解霍布斯的政治理論，就必須提到他出生的時代背景。當時的歐洲因宗教革命導致教會分裂，人們對於自己的生存意義，以及世界存在的意義等價值觀有著根本上的對立。套用馬克斯・韋伯的說法，單一的普世信仰已被除魅，因此人們不得不從互相鬥爭的諸神當中各自選擇信仰的對象。

問題是，宗教縱使互相對立，仍然可以帶給人們生存的意義或宇宙存在的意義。這對各自的信徒而言相當重要，而且他們認為這件事如果對自己很重要，那麼對其他人應該也很重要。如果有必要，就算是以暴力強迫他人信仰其宗教，也是為了拯救他們的靈魂。尤其是與活在這個虛幻世界的生命相較，在來生所獲得的生命才是永恆，所以從衡量自身利益的利害得失的角度，皈依「正確的」宗教便具有決定性的意義。至於到底哪一個才是比較「正確的」宗教，則沒有客觀的判斷標準。宗教信仰是不可比較之價值對立的典型，因此宗教引發人類產生血腥的爭鬥，也就不是無法理解的了。

儘管如此，人們對於人生及宇宙意義的爭執所造成不停息的血戰，開始感到空虛無謂。懷疑論於是擄獲人們的心：到底什麼是正確的、什麼是錯誤的，其實是隨著時間及場所而改變的神祕事物。蒙田的《隨筆集》（*Essais*）所談的就是這種觀點。

昨天還熱烈被提倡，到明天就完全改觀的善、和與犯罪僅有一線之隔的善，到底是什麼？以一座山為界，山的這一邊是真理，到了另一邊就成為謬誤……這世上沒有比習慣或法律的思考邏輯更複雜的事物了。在這邊是非常忌諱的行為，到其他地方卻受到讚揚——例如在斯巴達城，就會讚揚偷竊的技巧。另外，如近親通婚，在我們的社會是幾乎得要被判死刑的禁忌，但在其他地方，卻被認為是一種榮譽。

當然，互相對立的宗教也同樣不可靠。宗教成了讓人們獲得權力的工具。

看著目前讓我們受苦受難的（宗教）戰爭，其中所發生的種種，平常而理所當然地進行並且變化，我覺得有些不可思議。在這場戰爭中，我們只放進我們自己的思考。縱使其中一方自稱為正義，也只是裝飾用的藉口。所謂的正義也只是律師嚷嚷的口號。在這場戰爭中，真正的主導者不過是那些利用宗教的人而已。

不過，像蒙田這樣的懷疑論者，也不認為人生之中沒有任何事物足以依靠。他們也認為，人類應該要珍惜生命勝於一切。人類會信仰宗教、追求永恆生命，全是因為對於死亡的恐懼。荷蘭的法學家格勞秀斯，將這種人類珍惜自己的普遍傾向，轉換成判斷正當與否的基本標準。他最重要的著作《戰爭與和平法》中有關此點的論述，簡單摘要如下。一、人類有珍惜自己、亦即守護自己的生命及身體的自然權利；二、在非必要的狀態下侵害他人生命或財產，是為不正當。而他再基於這兩個基本原理，推論出什麼是正確的法律，什麼是違反正確法律的不正當。格勞秀斯指出，縱使神不存在，或是神並不關心人世間的事物，此種判斷方法仍是妥當的（《戰爭與和平法》，序章第六節）。

而霍布斯便是基於人類「不論發生什麼事都要活下去」的天性（亦即對死亡的恐懼），構思了社會應有的狀態。

建立作為判斷標準的國家

霍布斯利用社會契約論的理論架構，論證了國家權威的正當性。社會契約論設定國家建立前人類群居相處的自然狀態。在自然狀態下，人類相處會產生各式各樣的麻煩，為了解決這些麻煩問題，人們才想到締結契約（社會契約）、建立國家。依據社會契約論的論證，人類並非一出生就具有「必須在國家的保護下才能在社會上生存」的本性。人不是「政治性動物」，也並非只能以建立國家的方式生活。相反地，在沒有國家的狀態下，人類依據合理的計算才建立國家，因此才認同國家的權威。我們對國家應以此種方式理解才符合邏輯。

但社會契約論者共同認同的論述，也只有如上述的架構。至於「什麼是自然狀態？」、「為了克服自然狀態，應承認國家的權威到什麼程度？（對於承認這件事，處於自然狀態下的人類是合理的嗎？）」之類的問題，論者意見各有不同。而霍布斯則是極為認可國家的權威。

霍布斯描述的自然狀態是一種戰爭狀態，每個人對於其他人而言都是敵人。每個人天生的能力大致上是平等的，因為如此，人人均想填滿欲望並獲得他人尊敬而彼此競爭，也因此互相不信任。霍布斯所謂的「戰爭」，並非單指正在進行戰鬥的狀態，只要相互知悉對方擁有「就算使用暴力也在所不惜」的明確意志，就是一種戰爭狀態。在戰爭狀態下，由於無法確保勞動成果，因此不但無法進行土地耕作，其他如航海、建築、學藝等，支撐人類生活的各種技能都無法發展。如同霍布斯所言：「人們不斷處於暴力死亡的恐懼和危險中，人的生活孤獨、貧困、卑污、殘忍而短壽。」（《巨靈》第十三章第九段）

為了避開死亡的危險，也為了營造一個有尊嚴且舒適的生活環境，必須早日脫離這種戰爭狀態。但人們該如何找到可以達到這些目的的論點？

霍布斯認為，戰爭狀態屬於自然狀態，沒有對錯可言，只要人與人間沒有共同的權力，便沒有孰是孰非的判斷標準。缺乏共同法則，連決定什麼東西該是誰的所有權制度都不存在。

和格勞秀斯相同，霍布斯認為在自然狀態下，每個人為了生存，都有依照自己的意識使用自己的力量的自由，亦即「自然權」（《巨靈》第十四章第一段）。但在什麼東西該屬於誰都無法決定的戰爭狀態下，縱使主張每個人對所有事物擁有權利，包括對自己的身體（《巨靈》，第十四章第四段），還是一點意義都沒有。因此，縱使在戰爭狀態下應該使用這樣的自然權，但「只要還有和平的希望，人類便應朝向和平而努力」——這是一個不容置疑的自然律（《巨靈》，第十四章第四段），而人類可以透過理性認識。

從第一自然律的論證導出的便是第二自然律，亦即，「當人們意識到為了和平與自我防衛，必須得到他人的協助，此時，大家便會主動放棄對萬物的自然權。同時，也將承認眾人與自己所擁有的自由均是等值的」（《巨靈》，第十四章第五段）。為實現和平且舒適的生活，對於所有事物的自然權，在必要範圍內必須放棄，但他人也同樣應放棄相同的自然權。

讓彼此相互放棄自然權的方法便是締結契約。為了讓契約成為解決問題的方法，第三自然律「人人皆應履行自己締結的契約」（《巨靈》，第十五章第一段）於焉產生。以下便是霍布斯如何論證第三自然律的合理性的內容。

為了防禦可能威脅自己生命財產的外敵，兩位當事人締結共同防禦外敵入侵的約定。但遵守這個約定是否合理？當敵人來襲，兩人共同抗敵的結果是敵人敗退，但兩人都受輕傷；若其中一方抗敵時另一方逃走，則積極抗敵的這一方受了重傷，且財產也被搶走，臨陣脫逃的另一方卻毫髮無傷且保全了財產；若兩人都逃走，則財產均被搶走。賽局理論的矩形圖如左圖所示。

對A、B兩人而言，A1、B1是防衛，A2、B2是逃走，而各種組合中左邊是A獲益的情形，右邊是B的獲益。

	B1	B2
A1	2，2	0，3
A2	3，0	1，1

乍看之下，「逃走」選項最合理。因為在另一方積極防衛時可以得到三分這個最大利益，而對方也脫逃的情況下也至少還可獲得一分的利益。可是，若兩位當事人都這樣想，便永遠只能獲得一分的利益。而且背叛的一方將不會有人再與他締結防禦約定，無法確實對應敵人的來襲。考慮到敵人會反覆來襲且威脅持續存在，「共同防禦」才是合理的選項。

只是霍布斯也非常慎重地提到，只有內心的法庭才認為上述的自然律為適當。現實是，能拘束一個人行動自由的，只有在對方能確實保證會履行契約的情形（《巨靈》，第十五章第三十六段）。人類是非理性的存在，往往基於感情而行動，因此理論上合理的自然律，如果沒有任何權力加諸威嚇及強制，就無法保證大家都會遵守。他認為，「不拿劍在旁威嚇的契約，不過是信口開河，完全沒有足以保障身家安全的強制力」（《巨靈》，第十七章第二段）。

為使契約能夠帶有此種保證，人們便有需要建立共同的權力體制，因此必須將所有人的權力委託給一個人或一個以多數決進行決策的合議體制。所有人都必須同意：「我賦予這個人，或是這個合議體制，可以統治我自己的權力，但要以你也同樣將你的權力賦予這個人或這個合議體制為前提。」（《巨靈》，第十七章第十三段）其結果，統一人們意志的單一人格，也就是「國家」就此產生，而擔負這個人格的人便稱為主權者。

透過遵從社會共同的判斷標準，也就是主權者的法則，而非各自判斷善惡，人們才能追求自己想要的，亦即和平且和樂的社會生活。遵從國家的命令，而非各由自己主觀判斷，是國家權威得以存在的充足理由。

霍布斯與宗教

從霍布斯的論理架構來看，主權者的權威範圍相當廣。「只有當該法律或命令違反國家建立初衷，也就是保障遵從法律人民的性命時，人民才可以不遵守主權者所制定的法律或下達的命令。」（《巨靈》，第二十一章第十一至十六段）例如要求自殺或自傷，就算是主權者下達的命令，也沒有必要遵從；和他國交戰時，戰爭前線的逃亡者若是因為想要逃離恐懼，便非不正當，只能被視為是不名譽的行為。

除了上述情形外，主權者的權威是遍及生活的，可以說，人民擁有的自由只有在沒有法律規定拘束的情形下才會被認可。如契約自由、居住自由、職業選擇自由、對孩子的教育自由等（《巨靈》，第二十一章第六段）。甚且，在宗教教義方面，主權者亦有權力決定什麼事是否要讓世人知道，因此也擁有審閱出版刊物的權限（《巨靈》，第十八章第九段）。至於思想、良心自由等是否應同等受到保障此一討論，已違反主權者最重要的任務，亦即保障和平，因此孰善孰惡只能由主權者所制定的法律決定。霍布斯主張，「諸如善惡應由個人判斷，或是違反良心所為的行為都是罪行等學說，都是煽惑人民造反的邪說」（《巨靈》，第二十九章第六至七段）。

這樣看來，霍布斯似乎完全不承認思想自由、宗教自由或表現自由，是一位反自由主義的權威主義思想家（確實有人這樣認為）。但是，這恐怕是一種誤解。首先，他對於信仰其實相當寬容。他認為基督教徒獲得救贖只需要做到兩件事。第一，相信耶穌基督是救世主，第二，應遵守神的法則（《巨靈》，第四十三章第三段）。他甚至認為所謂「神的法則」，只有他提出的自然律而已。（其實這也包括國家建立後，遵守主權者所制定的法律。）

霍布斯是個無神論者，至少是個不可知論者。因此，他並不認為要人民接受特定教義、教化人民是主權者當然的權限。為了逃離悲慘的自然狀態，人類應締結契約，以和平及防衛為目標。但從這個論述之中，他舉出一個可能存在的反對意見，「自然律的目的，並非只為了維持人類的生存，而是為了在死後獲得永遠的幸福」，並以此為前提，導出「對於擁護異教的君王應予以反抗」的論述。對於這樣的主張，他的回答是，「人類無法從自然取得任何人類死後世界的相關知識。……宣稱有能力以超自然方式得到答案的人，只是以他們的片面之詞，藉由眾口相傳產生的信仰」（《巨靈》，第十五章第八段）。

縱使真的有神的啟示，也只對被傳遞的人而言具有特別意義（《巨靈》，第二十六章第四十段），光是聽說有人受到類似啟示，並不構成足以相信的根據。霍布斯質疑說：「所謂神職人員或預言家，只是為了在這世上獲得權勢，意欲支配人類而產生的。」（《巨靈》，第十二章第三十二段、第三十六章第十九段、第四十七章第十七段）這些人也同樣是人，既然是人，他們便無法免於競爭、猜忌及虛榮；霍布斯站在實用主義的觀點批判宗教，認為不能讓不可靠的宗教、教義不明的信仰去對抗主權者，也不能讓威脅世界和平及人們舒適生活的教義被宣揚。他斷然認定主權者無法支配每個人的內心，他也希望人們脫離神職人員或長老的支配，「信徒應回歸基督教徒最初的獨立性，每個人都能依其喜好，追隨保羅、彼得或亞波羅等自己所信仰的使徒」（《巨靈》，第四十七章第二十段）。

對於霍布斯的論述，我們應該從這一點去理解：動搖了絕對主權，便可能回到戰爭狀態，因為這是從人的本性而生的出發點。教義該如何宣揚，應由主權者決定。

文獻解說

有關蒙田的論述，摘自《隨筆集》中卷第十二章〈雷蒙．塞邦贊〉。這裡我採用了宮下志朗所譯的《蒙田隨筆四》（白水社出版，二〇一〇年）。

格勞秀斯的論述「縱使神不存在，或是神並不關心人世間的事物，此種判斷方法仍是妥當的」部分，請參照《戰爭與和平法》序章第六節。

有關霍布斯的一生及其思想的解說，最經典的著作便是現任哈佛大學教授理查．塔克（Richard Tuck）的《湯瑪士．霍布斯》，日文是由田中浩及重森臣廣翻譯（未來社出版，一九九五年）。塔克在本書中敘述了霍布斯如何從懷疑論過渡到格勞秀斯簡化版的自然權論，最後再建構了自己的政治哲學。

霍布斯的《巨靈》，英文版在一六五一年出版，拉丁文版在一六六八年出版。一六五一年正值清教徒革命，英王查理一世被處死的兩年後。水田洋教授將英文版本全文翻譯（岩波文庫出版，一九九二年），除了註記與拉丁文版的相異之處，拉丁文版也翻譯於附錄中。想接觸英文原版的讀者，個人推薦*Leviathan*（Richard Tuck ed., Cambridge University Press, 1996）及*Leviathan*（Edwin Curly ed., Hackett, 1994）兩本。後者的內容包括霍布斯的自傳及數種傳記，並標記出一六六八年出版的拉丁文版與英文版的不同。

「巨靈」利維坦，是《舊約聖經・約伯記》中所描繪的海中怪物。當義人約伯問神，為什麼自己會遭遇這麼多不幸，〈約伯記〉中出現的神並未給予正面回應，而是以恐怖的利維坦在神力之前也必須馴服作為結論（霍布斯也在《巨靈》第三十一章第六段中指出）。這說明了正當與否並非由每個人判斷，而是由最強的強者說了算。亦可了解為神不是人，未必所有行動都需要理由，因此以理由（理性）論斷神的行動毫無意義。

霍布斯的理論，從自然狀態到國家的建立，並討論這種架構是否合理等問題，但此觀點直到現代依然眾說紛紜。本文則是將處於自然狀態的人類視為「囚徒困境」的其中一種狀況進行探討。在僅僅被關一次的囚徒困境裡，背叛對方的吸引力非常大，但在處於反覆或繼續的囚徒困境中，只要對方願意提供協助，自己也提供協助這個選項，長久下來反而能獲得更多利益。但光是基於自身利益此一合理推論，無法確保雙方遵守契約，因此霍布斯認為，以一個普遍受到承認的權力去威嚇及強制締結契約者履約是必要的。

有關霍布斯的宗教觀，請參閱 "Hobbes and the Cause of Religious Toleration," *The Cambridge Companion to Hobbes's Leviathan*（Edwim Curley, Cambridge University Press, 2007），這篇論文中從多方面來探討這個問題。論文指出，《巨靈》出版後，霍布斯被

認為是無神論者而受到眾多批判及攻擊，甚至有被處以火刑的危險，因此倡議宗教的寬容性，對於霍布斯本人亦為有利之事。霍布斯晚年出版《一位哲學家與英國普通法學者的對話》（田中浩、重森臣廣、新井明合譯，岩波文庫出版，二〇〇二年）一書的目的之一，便是論證當時的英國對異端者處以火刑毫無法律根據。

霍布斯的《巨靈》不僅啟發了近代主權理論，以此為基礎，也延伸出近代的法人論，以及以法人論為基礎的法人格論。依此，為使如同公民等以多數人的集合體為單一人格集體行動，必須存在著能統一決定公民意志的個人（君王）或議會（所謂議會亦可能包括全體公民，亦即，霍布斯認為直接民主政治是可能實現的），這種君王或議會便稱為人民的「代表」。若無代表，人民只不過是一群烏合之眾；因此霍布斯所稱「社會契約」的內容，便是賦予代表（不論是一人或多人）以所有人民的名義決定人民意志的權限。有關他提及法人理論的涵義，於本書第十章第四節會探討（參《巨靈》第二十六章第五段）。

保羅、彼得和亞波羅都是在耶穌死後傳道的使徒。原始基督教徒之間，對於耶穌的教誨是有爭執及對立的，保羅和彼得的對立請見保羅的〈加拉太書〉。不過關於這個論爭，也有人解釋為是為了消除猶太基督教徒與異國人之間的對立，而特意演出的戲碼。

第三章 保障個人權利的國家——洛克

自然賦予人類對於幸福的欲望與對於不幸的憎惡。

——洛克《人類知性論》

自然狀態下個人的自由

湯瑪士．霍布斯出版《巨靈》之後，被認為是無神論者而備受批判。相較之下，約翰．洛克的《政府二論》，則是以神的至高存在為前提。

洛克是以「人類都是神的創造物」為前提進行論述。在這個前提下，人們不但是平等的，甚且人類基於神所命令的自然律採取行動，可以自己判斷，因此是自由的（《政府二論》第二篇第四節）。而神賦予人理性，透過理性人人皆可認識自然律，去認識那早已深深刻畫於內心的道理。

洛克雖然也是從自然狀態開始他的論述，但和霍布斯不同，洛克認為自然狀態下每個人擁有的自由，並不是依照自己喜好做任何事的自由（《政府二論》，第二篇第二十二節）。人們依理性了解自然律的角度，身為神的創造物及所有物，雖然應該保護自己，但他人同樣為神的所有物，只要他人沒有威脅到自己，便也應受到同等的保護。為求保護自己的人類有利用世上各種資源的需求，而這些權利也是神賦予的（《政府二論》第一篇第八十六節）。為有效利用資源，就必須在自然界中努力取得物資，並且使之成為自己的所有物（property）。關於此點洛克的論述如下。

自然狀態下，人類居住的這個世界，是神賦予全人類的共有物（《政府二論》，第二篇第二十五節），但身為受造物的人類則擁有自己的身體，因為身體是固有物（暫且不論這和人類是神的所有物這個論述有衝突）。在這個條件下，以自己身體所為的勞動，也屬於自己的所有物；因此人類以自己所有物的勞動，和屬於共有物的自然界相混合之後，例如抓到鹿、兔子或是釣到魚，這些獵物就被認為由自己所擁有（《政府二論》第二篇第二十七節）。這與住在山中村落的人們，出入屬於村民的共有地割草劈柴所得的收穫仍是個人所有的概念相似（《政府二論》，第二篇第二十八章）。同樣地，人們在不屬於任何人的土地上耕作，便可將土地及耕作的收穫當作是自己的所有物。從世界是全人類共有物的前提，推演出每個人擁有所有權的根據，是洛克獨創的見解。

就這樣，即使在自然狀態下，人們仍舊可以各自擁有自己的財產，組成自己的家族，以自己的判斷了解自然律，並據此自由地生存。與霍布斯描繪的自然狀態相較，洛克的自然狀態顯然溫和許多。即便如此，在自然狀態底下仍然有各種障礙。如果出現有對人身或財產加諸不當危害，懲罰這個人的權限仍只是握在個人手中——這裡所稱個人，並不限於被害人。因為違背自然律之人，等於是向全人類宣戰，任何人都可以處罰這個罪犯。而被害人獨有的權利，只有從加害人身上獲得賠償（《政府二論》，第二篇第七至十三節）。

政治權力如何建立及消滅

洛克認為，在自然狀態下，自然律的執行是交由每個人行使，而這是一個相當不安定的狀態，對於人們生命、自由及財產的保障都不夠確實。況且，第一，縱使理論上，任何人只要用理性都能了解自然律，但自然律並不是一個確定且眾所周知的法律，無知且利欲薰心的人們，便無法正確了解其內容（《政府二論》，第二篇第一二四節）；第二，在自然狀態中，並沒有公平且獲得他人認同的法官（《政府二論》，第二篇第一二五節）；第三，就算有人能做出正確的裁判，也沒有能確實執行裁判的權力（《政府二論》，第二篇第一二六節）。故於自然狀態下，人們容易做出偏向自己利益的判斷或執行，且縱使有人做出了公平的判斷，也無法期待能徹底執行。

因此，人們為了確實保障自己固有的生命、自由、財產而建立了政治社會，並使原本屬於個人的自然律判斷權及執行權，全部集中由政治權力行使（《政府二論》，第二篇第一二三至一二四節），這便是社會契約。這個集結眾人的政治權力，雖然亦可由該政治社會以多數決直接行使（直接民主），但多數情況還是以多數決，將之信託（trust）予少數人組成的政府（《政府二論》，第二篇第一三二節）。霍布斯認為透過人們之間訂立的社會契約，直接將自然權轉讓予主權者；洛克則認為應區分成兩階段，人們先以社會契約架構政治社會，再由這個政治社會將權力信託予政府。

以此方式建立的政府所擁有的權力，當然只限於經人們同意而被集結、被信託的範圍（《政府二論》，第二篇第一三五節）。即使是立法權，亦即所有政治體的最大權力，也不得恣意剝奪人民的生命或財產（《政府二論》，第二篇第一三五節），亦不得僅設定個別性、臨時性的命令，而應制定恆常的規則，且規則的執行委由獨立公正的法官行使（《政府二論》，第二篇第一三六節）。政府行為如逾越上述範圍，未經同意而侵害人民財產，或招致人民生命或自由上的危險，則信託予政府的權力便消滅，回歸到權力原本的所有人，亦即人民手中（《政府二論》，第二篇第一四九、二二二節）。

政府逾權施政最典型的例子，便是強迫人民信奉特定的宗教。組成一個政治社會並建立政府，最重要的工作便是維持每個人民的生命、自由及財產安全，為了實現共同體的利益而行使權力（《政府二論》，第二篇第三、一二三至一二四節）。換句話說，建立政府的目的，是為使世俗的利益受到更好的保護。有關來生或是個人信仰，並不在政府的權限範圍之內。信仰是每個人內心的問題，強迫信仰的宗教不可能使任何靈魂獲得救贖。既然信託予政府的權限中不得與宗教有關，則任何人均不得以信仰為由，剝奪人民在現世所擁有的生命、自由或財產。若政府硬要實施此種暴政，人民信託予政府的權力便消滅，從而進入政府與人民的戰爭狀態（《政府二論》，第二篇第二二二節）。回歸人民的政治權力既得委由其他值得信賴的政府行使，且人民與實施暴政的政府間的紛爭亦可「上達天聽」（appeal to Heaven），即向神請求裁決（《政府二論》，第二篇第二一一、二四一節），亦指即可起身叛亂。

最終判斷是神的決定——抵抗權論

洛克以上論述的一個問題，在於政府是否正當行使權限、是否逸脫其受信託範圍等，該由誰下判斷？洛克認為，能下判斷的是每個人民（《政府二論》，第二篇第二四〇至二四二節），當政府的作為被判斷為已逸脫權限，人民便具有抵抗政府的權利。

霍布斯卻批評說，這將使每個人有正當理由依自己主觀意見反抗政府，最後淪於戰爭狀態（《巨靈》，第二十九章）。而洛克既然肯認自然狀態下人們傾向做出對自己有益的判斷，便有必要說明為何此一論點不會造成無政府狀態。

洛克的回答大致總結如下。第一，人們有維持現狀的傾向，不可能因政府犯一點小錯便立即起義叛亂（《政府二論》，第二篇第二二三、二二五節）。第二，毫無成功可能的叛亂，對於人們沒有吸引力。叛亂要成功，必須大多數的人都參加才會有勝算，因此會起義叛亂，僅限於政府暴政所造成的惡害，對於過半數的人們產生影響（《政府二論》，第二篇第二〇八至二〇九節）。第三，既然叛亂是「上達天聽」的手段，目的是請求神的裁決，則人們只有確信自己的行動合於正義時，才會訴諸叛亂（《政府二論》，第二篇第二四一節）。最後，了解「人民擁有抵抗權，暴政可能導致叛亂」的當政者，與不了解此點的當政者相較，前者會實施暴政的機率當然就降低了（《政府二論》，第二篇第二二六節）。

洛克認為，世上各善行及惡行的最終結果，來世仍須接受全宇宙的立法者及法官的判斷，也就是神的審判，因此服從或違反神的法則，會獲得最大的幸福（即上天堂）或最大的不幸（即下地獄）（《人類悟性論》，第二篇第二十八章第五至八節）。而這正是「叛亂是請求神的裁決」的立論根據。否定神的存在則無法依來世的賞罰來判斷善惡，因此對於無神論者沒有必要寬容。另外，盲從羅馬教宗等外國勢力的天主教徒，同樣欠缺判斷善惡的能力，故亦無法成為宗教上寬容的對象。

善惡的基準來自於神的命令，原本是希望有個客觀的標準，而且服從或違背這種善惡基準的後果，到來世才會由神進行裁決。因此縱使允許每個人各自判斷、發動抵抗權，亦不會產生霍布斯所言悲慘的戰爭狀態。這種設想正是洛克抵抗權論的基礎。

洛克政治思想的界限及可能性

如上所述，經常被譽為現代自由主義與立憲主義始祖的洛克，其政治思想卻呈現出基督教信仰與功利主義的奇妙混淆。自然狀態下最妥適的法律是什麼，以個人的力量對政府進行抵抗是否合乎正義等，能下最終判斷的都是神。服從或違背神的律法，都會在來世獲得永遠的幸福或永遠的不幸作為應報，正因如此才激勵人們服從神的律法。洛克認為，相信神確實存在的根據不假外求（《人類悟性論》，第二篇第三十二章第七十節）。只要神確實存在，而且神會把有罪的人打入永遠的不幸中，人們就該為了自己而相信神、服從神。

不過，大部分聽到這番論述的基督教徒，並未因此改宗。以相同邏輯展開論證的巴斯卡就經常批評洛克，他怎麼完全沒有考慮過另一種可能性——還存在其他神明，專門讓基督徒受到永世懲罰。

因此，身為現代人的我們，不可能毫無保留地接受洛克的政治思想。那麼究竟該怎麼看待這套論述呢？其中一個方式是在建構功利主義時捨棄有關來世的論述，僅取其論述現世的部分。邊沁或穆勒便是採取這種方式。

另外一種方式，是讓所有人都能享受洛克所設想的社會便利及舒適，並將其成本公平分擔給所有成員。「所有人」當然必須包括新教教徒以外的人。格勞秀斯即為其例。他描述最低限度的自然律，縱使神不存在，或是神不理會人間事物，仍然有效。因此這論述可以超越特定宗教框架，讓抱持不同世界觀的人們一同進行社會生活。其實雖非基督教徒，卻認同洛克所提倡的政治制度——如政教分離、權力分立、議會制、政府只能行使有限度的權力等——的人亦不在少數。洛克被視為自由主義與立憲主義始祖，原因大多在此，一般人通常並未意識到他的信仰背景。

洛克認為，政府的權限僅限於保護人們的生命、自由、財產範圍，而這也是建立政府最根本的目的。政府是否逾越這個界限，原則上雖委由個人判斷，但該怎麼拿捏判斷分際，大致上有下列兩種看法。

第一，何謂社會整體利益，可以視當時局勢做正確判斷，且所謂整體利益，須和每個人權利的保護一致。這是下一章要談到的盧梭的立場。

第二，判斷什麼是政府不能剝奪的個人固有權利。縱使對促進社會整體的利益有利，仍然不能剝奪這類權利。個人的權利和社會整體利益，不可能完全一致。現代立憲主義者大多採取此一立場。

文獻解說

對於洛克的生平及思想的解說，以約翰．鄧恩（John Dunn）的《約翰．洛克：信仰、哲學、政治》（加藤節譯，岩波書店出版，一九八七年）最有代表性。一六三二年洛克於英格蘭薩默塞特郡（Somerset）出生，進牛津大學念醫學，一六六六年英王查理二世期間，受到有權有勢的政治家阿胥里（日後的沙夫茨伯里伯爵）賞識，之後便擔任其智囊。沙夫茨伯里伯爵帶頭反對查理二世的弟弟約克公爵，他公然以天主教徒自居，之後繼承王位成為詹姆斯二世。沙夫茨伯里伯爵曾以議會立法等方式，極盡一切手段排除他繼位，失敗後甚至以近乎叛亂的方式展開抵抗運動。現代的洛克思想學者絕大部分認為，《政府二論》的主要內容，都是在這段抵制王位繼承運動時執筆的。

該次爭鬥後，沙夫茨伯里伯爵流亡到荷蘭並客死異鄉。一六八三年，由於洛克感到自己身家性命將不保，而逃亡荷蘭。洛克再次回英國是一六八九年，也就是在光榮革命（原為荷蘭總督，亦為當時歐洲新教勢力盟主的威廉三世進攻英格蘭，詹姆斯二世因此流亡法國）政權輪替之後，並於同年出版《政府二論》及《人類悟性論》（兩本書的初版時間均載為一六九〇年，實為一六八九年出版）。《政府二論》雖是在反對王位繼承運動之際，為擁護自己所支持的運動而執筆，但並非為了正當化光榮革命而草草撰寫出版。不過，不能否認，正如洛克自己在《政府二論》的序言及本論中提到詹姆斯二世的退位（第二篇第二〇五節）所示，該書確實也有賦予光榮革命正當性的任務。洛克從自身經驗出發，認為一個國家縱已具備權力分立或議會制度等——如同洛克於《政府二論》中提倡的政治體制——亦無法否定政府仍有逸脫其權限的可能性。《政府二論》的第一篇是對羅伯特・費爾默爵士（Robert Filmer）君權神授立場的批判，檢討他將君主的絕對支配權正當化此一見解。第二篇則說明洛克本身認定的正當統治權之根據及其界限。一般認為洛克先撰寫了第二篇，因此這二篇可以各自獨立閱讀。費爾默爵士認為，神賦予人類大家長亞當的支配權，已經由現在各國的君主承繼；洛克則批評，賦予家長權利只是為了延續後代，此種權利無法承繼，且和對於人們的統治權和財產管理權並不相同，故無法從這個理論認為君主承繼支配權。且全人類都是亞當的子孫，沒有理由只有特定人始能承繼此種支配權（《政府二論》，第一篇第九六至九八節）。

《政府二論》有幾種不同的日譯本，加藤節教授譯《政府論二篇全譯本》（岩波文庫出版，二〇一〇年）容易取得亦值得信賴。洛克所謂「property」，一指所有權或所有物，另一個解釋指稱範圍較廣，包括人類的生命、自由、財產，亦即世俗一般利益。若想閱讀英文版本請參照*Two Treatises of Government*（Peter Laslett ed., Cambridge University Press, 1988），該書還包括編者誠懇的前言，閱讀較易。

本文中所介紹的洛克政治理論（尤其是第三節及第四節）是以詹姆斯・杜利（James Tully）的解釋為基礎，他嘗試將《政府二論》及《人類悟性論》在可能的範圍內予以整合（*An Approach to Political Philosophy: Locke in Context*, James Tully, Cambridge University Press, 1988）。更詳細的論述可參拙著《憲法的理性》（東京大學出版會出版，二〇〇六年）中第三章〈國家暴力、抵抗暴力——約翰・洛克的理解〉。

不過，有關《政府二論》與《人類悟性論》究竟可以整合解釋到什麼程度，採取懷疑立場者也不在少數。《人類悟性論》確實是洛克以真名出版的著作，但《政府二論》，則到他臨終之際都未以本名行之於世。有人認為是洛克考量到當時詹姆斯二世還有復辟成功凱旋歸國的可能性，但也有論者以為，對於兩本著作是否可以做整合式的理解，連洛克本人或許也都沒有把握（前揭約翰・鄧恩著作，第二十七頁）。例如《政府二論》中提到自然律是神的命令，每個人從一出世就牢記於心中；但《人類悟性論》則從否定這種本有的觀念出發，認為連正義或遵守契約的觀念，都是人們為了讓共同體內部的生活便利舒適才願意遵守，並非因為與生俱來的自然律而遵守（第一篇第三章第二節）。

有關巴斯卡對於神是否存在的論述，即有名的「賭注說」，請參閱氏著《思想錄》（前田陽一、由木康譯，中公文庫出版，一五九頁）。

另外也有論者以為，有關洛克建構理論的背景，亦即對神的信仰此一部分，不可全盤信以為真。依據里奧・史特勞斯（Leo Strauss）的《自然權與歷史》（塚崎智、石崎嘉彥譯，昭和堂出版，一九八八年）第二一六頁以下的解釋，洛克在自然權論中辯證個人以勞動追求幸福與公共福利的實現，是非常不傳統的，甚至是創新的見解。比起《聖經》，他受到無神論者霍布斯的影響反而更深。

第四章 保護自由的國家——盧梭

遵循欲望衝動而活是奴隸，遵循自己制定的法律才是自由。

——盧梭《社會契約論》

盧梭的提問

如前面幾章所述，霍布斯和洛克雖同為社會契約論者，不論是問題出發點、想解決的問題，或理想的政府形態均不相同。盧梭同樣以「依社會契約建立國家」為思考架構，但他所欲依此而解決的問題，又與霍布斯及洛克迥異。

盧梭在《社會契約論》一開頭便提到，「人生而自由，卻處處都在枷鎖之中」，原因是人類雖生而自由，但無時無刻不受政府的支配。「為何有此變化我並不清楚，但是什麼原因將之正當化這個問題，我卻可以解釋。」（《社會契約論》，第一篇第一章第

一段）

盧梭將這個問題以下列方式公式化：人類在自然狀態下原本是自由的，但如何保護自己生命或財產安全，在自然狀態下卻出現了許多障礙。當人們無法繼續在自然狀態求生存，政府的打造便應運而生。政府是基於社會契約建立的，但是必須締結什麼樣的社會契約，才可認為是以集結眾人之力保護各構成份子的身體與財產呢？而且，為了讓每個人一方面得與他人連結，一方面又只服從自己，和以前一樣擁有自由，那麼社會契約又該以什麼形式呈現？除非能夠做到如同處於自然狀態之下，人們只需服從自己便擁有自由的狀況，支配與統治始能被正當化（《社會契約論》，第一篇第六章）。

對於這個問題，盧梭的回答大致如下：國家係基於法律而行動，因此法律由誰制定便很重要。為使在國家底下生活的人民能如自然狀態一般擁有自由，法律便必須是由人民自己制定。因此，法律必須由遵守法律的人民自己制定，服從自己制定的法律，人們便應是自由的（《社會契約論》，第二篇第六章第十段）。

不過，集結多數人制定法律，很難達成全體一致的同意。盧梭自己也承認，最初建立國家的社會契約成員必須達成全體一致決，但在其他的情形則是多數拘束少數。但以多數決制定法律，少數就得服從多數，那麼對少數人而言，不就沒有自由了嗎？盧梭回答，即使少數個人採反對立場，但仍被多數通過的法律，全體公民便是同意遵守的（《社會契約論》，第四篇第二章）。因為以多數決制定的法律，是與普遍意志合致的法律。社會契約的核心思想，便是在普遍意志的指導下，共同貢獻自己的身體和力量（《社會契約論》，第一篇第六章第九段）。

所謂「普遍意志」

「普遍意志」原本是神學用語，盧梭則將其概念用於與神學完全無關的領域。依據他的理論，每個人都具有促進社會整體利益的普遍意志，以及促進自己利益的特別意志，其中能成為國政方針者，僅有普遍意志（《社會契約論》，第二篇第一章第一段）。

將每個人各自懷抱的特別意志加總，並不會產生促進社會整體利益的普遍意志。因此必須集結每個人所懷抱的普遍意志。關於此點盧梭認為：

讓人民獲得充分資訊進行研議，縱使彼此的意見無法一致，集結多數大大小小的相異點，通常仍可歸結出普遍意志，此種決議也通常會是好的意志。但若由一小夥人或少數團體，犧牲大團體而得的決議，則此為團體個別的意志，對其成員而言是雖是普遍意志，但對國家而言則是特別意志；此種情形已形成與團體數相同的投票者，而非與公民人數相同的投票者。（《社會契約論》，第二篇第三章第三段）

這段論述頗為不可思議。人民基於充足的資訊溝通後投票，做出的多數決通常便會是正確的普遍意志。在這種情形下就不可能發生少數人結黨營私的事了。但為什麼何盧梭會這麼認為？

最近較為有力的解釋，是認為此段文字必須以「康多塞（Marquis de Condorcet）準則」為基礎才說得通。這個準則由法國大革命時的政治家、亦為數學家的康多塞侯爵所發現。若某議會其成員平均有二分之一以上具備選擇正確答案的能力，則做出決定的成員愈多，以單純多數決找到正確答案的機率也同樣會提高。

假設有一個瓶子放了許多白球與黑球，而白球總數較黑球為多，則從瓶中取出的樣本數愈多，則樣本中的白球多於黑球的機率也跟著提高。最後當全部的球均取出，一定會發現白球多於黑球。康多塞準則就如同此例般單純。

若人民面臨必須從兩個政策中選出其一的情形（如是否要提高消費稅率），縱使不深思，選到正確答案的機率也是二分之一。因此如果能基於充足的資訊讓人民研議，那麼要選到正確答案機率則高於二分之一，而一切也就並非那麼不切實際。另外，如能不讓那些只憑「某人說投哪個，我就投哪個」的人民投票，便能提高以多數決選擇正確答案的可能性。（人們只要結黨組派，則實際做出決定的投票人便會減少，非但使選到正確答案的機率降低，且與追求普遍意志及社會整體利益相較，結黨者容易僅追求自我利益。）

以多數決判斷出的普遍意志如成為法律，則縱使敗給多數意見的少數人，服從法律仍然意味著自由（《社會契約論》，第四篇第二章第八段）。況且即使敗給多數意見之人，他們也已經盡力探索過應被服從的人民全體之普遍意志，只是偶爾選錯罷了。

不世出的「立法者」引導大眾

不過，這個論述的成立需要幾個前提。首先，何為普遍意志？如何才能滿足社會整體利益？這些問題須有客觀的正確答案。不得僅因不知正確答案為何，且為盡可能使不滿的人減少，而以多數決決定答案。

第二，縱使何為普遍意志這個問題有正確答案，代表全體人民集會的成員，也必須具有普遍意志的意識，不可為自己的特別意志進行投票。第三，代表全體人民集會的成員，必須具備能以平均二分之一以上的機率，選出與普遍意志相符的正確答案之能力。

一般認為，盧梭強調第二及第三點，是因為他對人民的性向及能力相當懷疑。雖然每個人都想要幸福，但人民並非總是知道幸福是什麼。普遍意志大部分雖為正確，但導引出普遍意志的判斷，卻未必總是正確的（《社會契約論》，第二篇第六章第十段）。因此啟蒙大眾、引領大眾的「立法者」（Lawgiver）便有存在的必要。盧梭所謂的「立法者」，並非指起草或制定法律之人。盧梭列舉出的「立法者」，計有萊克格斯[1]、摩西、穆罕默德、喀爾文等人。他在其他書簡中亦曾言及，耶穌基督屬於人類共享的神話角色，曾嘗試以立法者的身分解放猶太人民卻失敗，這使得他立志創設一個世界性的宗教。

盧梭描述的「立法者」是天才，他能建構適用人民的政治制度，並經由制度讓人性產生巨大變革（《社會契約論》，第二篇第七章第三段）。「立法者」的邏輯過於深遠，且攸關全體社會的長期利益，因此若希望以言語說服人民是不可行的，被眼前利益矇蔽的人民也無法理解。這些「立法者」於是借用神的權威使人民信服，並且不訴諸武力而使用制度，讓人民服膺於全體社會長期的利益。

換言之，要實現如盧梭所言的正當化支配，必須出現一位不世出的天才借用神的權威。擁有這種好運的人民，會因此改變自己的本性，並擁有選擇與普遍意志相符的投票能力。而沒有這麼好運的人民，縱使建立共和制度，也不過是各自特別意志的集結而已。這種情況下的多數決，只會導致多數人為了自己的特殊利益而壓迫少數人。

另外，盧梭的這個論述並不認為宗教本身有何價值，反而認為宗教是政治的工具（《社會契約論》，第二篇第七章第十一段）。

此外，縱使一個國家有幸出現天才「立法者」，該國也不見得能存續到永遠。連斯巴達及羅馬帝國都滅亡了，世上還有什麼國家可以永久存續？人們會逐漸遺忘自己對於制度的熱忱，立法權會被結黨組派的職業政客把持，並恥笑人民集會不過是妄想，而且公民們不再願意為了保護國家而服兵役，傭兵制度成為主流。人們不再為了社會整體利益而犧牲性命，只顧追求自己的利益——這就是現實世界的標準型態，無法再現「立法者」的奇蹟。可被正當化的理想型政治體制，如果不借助宗教這種高貴的詐術，便無法維持（《社會契約論》，第三篇）。

以上就是盧梭社會契約論的全貌。可能許多人會對此感到相當驚訝，那是因為能將《社會契約論》從頭到尾讀完的人並不多。或許也可以說，人人從來都只相信口耳相傳

1 Lycurgus，斯巴達制度的創始者。

之言。

盧梭解讀霍布斯

霍布斯的思想對盧梭影響深遂，無論是將國家視為法人，或是將宗教徹底視為統治工具的態度。不過盧梭對於霍布斯的理論仍有部分批判。

如第二章所見，霍布斯的社會契約論認為，為了逃脫人與人交相爭戰的自然狀態，享受和平安穩的生活，人們才會締結社會契約，將自己的自然權讓與主權者，並遵從主權者所制定的共同法律而生活。

盧梭則指出，霍布斯的理論在現實世界裡站不住腳。追求和平安穩生活的人們所建立的政府是複數的，而政府與政府相互間則仍處於自然狀態，亦即處於戰爭狀態。如此一來，反而會發生原本自然狀態所無法預料的大規模戰爭，造成大量死傷，而且此一狀態會不斷重複發生。

之所以會如此，就是因為國家是法人，與活生生的人類不同，是純然理性的產物。活生生的人類，欲望自然而然有一個極限。如果吃得很飽，之後自然會有一陣子不想再吃。但國家只是存在於眾人腦中的約定，並沒有「滿足」的天性。國家對於領土或財富的欲望，可以無限擴張。而且國家的力量及規模是相對的，因此總愛拿自己和他國進行比較。如此一來，為了確保自己的安全，只能努力成為鄰近諸國中最強的國家，也不得不關心四鄰發生的各種狀況。如此一來，國家與國家之間的關係，必然相當緊張，一旦爆發戰爭，便會導致規模龐大且毫無節制的殺戮。自然狀態下個人之間的爭鬥根本無法與之相提並論。

那麼人類該如何是好？盧梭提出了幾種方案。第一種方案是人民武裝。若只有常備軍隊，這些士兵或許會保護提供其薪餉及地位的政府，卻不一定會保護人民。人民與政府對立時，常備軍便很可能站在政府那一方而壓制人民。因此應廢除常備軍隊。當國家發生危難之際，就由每個公民持干戈以衛社稷。當代也有採取此種防衛機制的國家，例如瑞士。

第二種方案，是國家相互間應該藉由聯盟方式以達成和平。如此一來，各國既可維持自己的主權，當發動侵略的國家出現時，亦可聯手對抗。在現代，聯合國可為其例。

第三種方案比較驚人，亦即讓國家消滅。如同前述，所謂國家，不過是眾人抽象認知的一種約定。因此盧梭認為，國家間的戰爭，便是對於該約定（敵國的社會契約）的攻擊。依據社會契約，建立國家的本來目的，是為了能更有效地保護人們生命、自由及財產。若有個強大的敵國出現，導致自己的生命、自由及財產瀕臨危機時，與其訴諸戰爭進行抵抗，不如先消滅本國的社會契約。這也是個選項。冷戰結束時，東歐諸國拋棄共產體制，選擇與西歐國家相同的民主議會體制，便可說是此種方案的例子。日本在第二次世界大戰戰敗後，對憲法進行了根本的修正，亦為其例。

文獻解說

盧梭的《社會契約論》有桑原武夫、前川貞次郎版（岩波文庫出版，一九五四年）、作田啟一版《盧梭選集七》（白水社出版，一九八六年）等幾種日譯版本。或許想閱讀法文版的讀者不多，我自己是使用*Euvres politiques*（Jean-Jacques Rousseau, Bordas,1989）。本書集結了盧梭所有政治論述，使用上非常方便。劍橋大學出版社則出版了盧梭的英文版論文集*The Social Contract and Other Later Political Writings*（Victor Gourevitched, Gourevitched ed., Cambridge University Press, 1997），各論文均有標示段落編號，十分便於引用。

「普遍意志」一詞如本文所述，原本是神學用語，首先出現於保羅寫給提摩太的書信中（〈提摩太前書〉第二章第四節）：「他願意萬人得救，明白真道。」這句話使神學家開始討論，神的意志究竟是每一個人都要拯救？還是神會基於個別特殊的意志，區分應拯救之人及不應拯救之人？甚或是只拯救服從神的律法之人（因為神只透過制定普遍性律法而行動）？盧梭是運用世俗的意義解讀這句神學用語。有關盧梭對於共同意志的論述，請參考拙著論文〈共同意志〉（刊載於《法學教室》第三六五號第七十二頁以下，二〇一〇年五月）。

有關康多塞準則，請參閱拙著《無法比較的價值迷宮——自由民主的憲法理論》（東京大學出版會出版，二〇〇〇年）第六章〈多數決的「正確性」——盧梭的共同意志論與康多塞準則〉，及《憲法的理性》（東京大學出版會出版，二〇〇六年）第十三章〈為何採多數決？——依據及界限〉。

至於盧梭對霍布斯所進行的內在批判，請參考《憲法的理性》中第二章〈「內國和平」及「國際和平」——盧梭解讀霍布斯〉。該文亦曾說明，盧梭的第一及第二方案，後來曾被康德的《論永久和平》引用並加以發揚。有些人認為康德是不採武力、絕對的和平主義的先驅。這完全是誤解。

盧梭談到耶穌基督起初也以立法者為目標的論述，見於〈致法蘭基爾先生書〉的結尾部分。該文收錄於前述劍橋大學出版社出版的英文版論文集中。

第五章 永無完成之日的國家——康德

人性本是扭曲的素材，不可能從中產生直截。

——康德

保護自己免於他人的敵意

如第三章所述，洛克認為縱使在自然狀態，自然法也是妥適的，而且所有人都可以經由理性了解何謂自然法（至少《政府二論》中是這麼認為）。由於世界是全體人類的共有物，因此每個人均得以自己勞動的所得，作為自己固有的財產，這也是自然法的法則之一。只不過，在自然狀態下，自然法並未如眾所周知的法律般有成文規定，既不能保證人們一定對其有正確的認識。縱使認識，也不能保證實際上得以執行。

柯尼斯堡（東普魯士首府）的哲學家康德也是依照類似的脈絡進行論述。他的著作

《道德底形上學》區分為「論法則」與「論道德」，其中「論法則」又分為第一部「私法」及第二部「公法」。在「私法」的結尾處乃至於「公法」的起始處，對於人類為何應遠離自然狀態並生活於社會中，有如下的說明。

康德也認為自然狀態下的自然法是妥適的，也同意環境是全體人類的共同產物。在環境中勞動便可獲得固有財產的觀點，亦包括於自然法的法則中。由於人類的生存都是以自我利益為目的，那麼為了生存所需使用的事物，當然也可以由自己決定（A246-247，提及本書時均以學院版康德全集《道德底形上學》之頁數）。

不過，「這東西只屬於我」這個決定，從另一個角度來看，便是課予他人必須尊重自己所有權的義務。因此有關何物歸何人所有，這人是否擁有大家都同樣確信的所有權此事，便不能輕易決定。且於自然狀態下，「任何人均應克制自己去侵害他人占有之物」並無強制力（A307）。加之，每個人心裡都有數，「想當他人的主人」是人類與生俱來的傾向（除非他人比自己強悍且聰明，否則縱使屬於他人的權利，我亦不會加以尊重）。所以，在這種對他人的敵意造成悲劇之前，必須先確定何者為何人之物，進入已經分配完成的社會生活。康德甚至認為，無法排除他人的暴力且保障自身安全的狀態，亦即停留在自然狀態這件事情，本身就是最大的不法（A308）。

從以上的說明可知，康德認為，就是因為人類並不是非常理性的動物，容易被與生俱來的敵意牽著走，所以才應該捨棄自然狀態下不清不楚的權利關係，確實分配各自的權利，在受到政治權力保障的秩序下和平共存。不過康德之所以認為人類應脫離自然狀態，還有更強烈的理由。他說，沒有以權力制定外在法律，人類會將暴力行為及相互攻擊的惡意當成格律，而且此種經驗或事實，並不必然需要有公開法律的強制（A312）。

在沒有律法的狀態下（筆者註：指自然狀態），不論我們認為人類多麼善良及熱愛正義，都僅只是先驗的理性概念。公開律法存在的狀態（法則狀態）若未確立，則人民或國家相互之間皆因存在暴力行為，而不安全。此種情勢之所以發生，正源自於所謂的固有權利——任何人都只願意進行自己認為是正確且良善之事，不為他人意見所左右。（A312）

自然狀態下的問題，在於何人對何事物具有什麼樣的權利並不確定。而從易對他人產生敵意的人類性向去看，問題也不僅止於「一定會發生紛爭」而已。因為，縱使每個人都真誠探究何謂應然法則、何謂善行，並依此為生活準繩，但每個人的判斷仍各有不同而易起衝突。結果，人們的安全當然就無法受到保障。這便是所有人都應於國家強制提供的共同法秩序下生活的理由。

這種思考相當類似於霍布斯認為在自然狀態下，一個人對於善惡的判斷僅止於主觀判斷，因此必然會發展成戰爭狀態的思考模式。

定言令式與道德格律的多樣化

至此，或許有人覺得我對於康德道德理論的解釋相當奇怪。也或許有人認為，曾懷著敬畏之心說過「頭上有燦爛星空，道德律在我心中」（《實踐理性批判》，A161）的康德，既以他所謂的定言令式為標準，對於人類應遵從的道德律就應該前後一致。可是，康德的想法未必如此。

有關定言令式，康德闡述了好幾種令式。標準的說法如下。

讓自身的格律同時為普遍的道德律，並遵從自身意欲之格律而行動。（《道德底形上學之基礎》，A421）

換言之，我可以期待我個人訂立的主觀格律（格律是以個人主觀行為而定），可以同時成為普遍有效（亦即對所有人而言都會是格律）的客觀道德律，而且我應該只遵從這種格律採取行動。

那麼，依據這個要求，我是否可以尋索出我應遵從的唯一道德律？但康德想要告訴大家的並不是這個問題。以下讓我們以這個定言令式的標準，來看看康德實際上曾討論的問題。

例如，為擺脫眼前的困境，是否可以隨便承諾他人日後並無意願遵守的約定？當然不可以。因為假如大家普遍同意若是為擺脫眼前的困境，而隨便承諾他人日後並無意願遵守的約定亦無妨，未來將不會再有人真心相信你的承諾。說得更清楚一點，若讓眾人都認為這個道德律普遍有效，締約這件事本身便將不再為眾人所接受，故此種道德律並不具有效力。因此，康德認為人們採取行動之際，不應遵守此種格律（《道德底形上學之基礎》，A402-403）。

再試舉一例。若自己現正處於安祥和樂的生活環境，則縱有其他生活困難的人，也不需要幫助他——是否能將這個格律規定為客觀的普遍法則？康德認為，由於大家都清楚自己日後也可能陷於生活困難，故不能將此種格律規定為普遍法則（《道德底形上學之基礎》，A423）。

康德使用定言令式究竟想找出什麼？一旦眾人接受上述格律乃普遍有效，將會導致自我毀滅。故定言令式是用以判斷什麼是不能被認可為普遍性道德律之標準。

阿諛奉承違反道德嗎？

縱使如此，或許仍會有人質疑，只要了解不能作為普遍法則的道德律為何，不就可以得出道德律的普遍性方向了嗎？例如，若是「為配合自己需要，說點謊亦無妨」的道德律無法成立，不就等同於承認「不要為了自己的需要隨口說謊」這個普遍性道德律是客觀有效的嗎？

雖然也可以這樣解讀，但也要視「普遍性」這個字的意義而定。因為康德所謂的「普遍法則」，並非僅指百分之百有效的普遍性法則。例如康德於《道德底形上學》中的〈論道德〉篇中，雖曾以說謊等同於否定自己的人性，因而導出「人不應說謊」這個結論（A429），但其後又在「詭辯性問題」中，提出他的思辨，若是遇到某本書的作者，由於自己不喜歡那本書，是否就不能對他說些奉承的話（A431）？換言之，康德所謂的「普遍法則」，是在一般情況下大致會被認為有效的法則，並不涉及討論不同道德法則相互衝突而造成的困難中，仍普遍被認為有效的情形。

私社會的法秩序

在自然狀態下，縱使每個人都很真誠地探究了正確的道德律，仍然會因認知不同而造成相互衝突。而且每個人愈是真誠探究，其判斷所產生的衝突反而愈容易導致暴力衝突。所以，為了保障每個人都能基於自己的判斷而自由生存，必須有個客觀的法秩序，使得自由且不同的判斷得以並存。這個客觀法秩序能保障所有人在某個範圍內有選擇的權利，而在其他範圍則有選擇的自由。

必須要注意的是，這種法秩序不只是一種先驗的決定。如第一章的文獻解說介紹的休姆，他認為決定何種事物屬於何人所有，正是對於協調問題的一種回答。因為社會共同的規則（即所有權制）是協調問題，答案也就可以有好幾種。現今美國、法國及日本的所有權制度各有不同，並沒有哪一種制度比較正確的問題。只是，住在日本就必須遵從日本的所有權制度生活，如此而已。有人認為，法律規定可以有許多不同類型。但這個見解並不能成為不遵守現行法律的理由。的確，法律規定可能形形色色，但只要這個社會已經存在現行法律，不遵守就沒法子進行社會生活。

我們可以認為，康德就此點與休姆採取相同立場。法秩序的內容雖有各種可能性，但既然你居住的社會已經制定其中一種法律的可能，你就必須遵守這個法律。

人性——扭曲的素材

人類如無法與他人一起群居過生活，就無法活得像個人。而在該社會，每個人都受到同等的強制力、被要求遵守法律，如此才能確實分配何種事物屬於何人所有，也才能確定每個人得以自由行動及選擇自由的範圍。如此一來，對於是非善惡的判斷各有不同的人們，才能和平共存於這世上。康德的理論雖也可被視為是社會契約論的一種，但他認為所有人都有加入這個社會契約的義務，型態上較為特別。因為他認為，想要停留在自然狀態的人們反而犯了「最嚴重的不法」。在強迫加入契約這一點上，這和日本人與ＮＨＫ簽署的收訊契約類似。

不過，縱使進入社會狀態，當人們處於共同的法秩序之下，是否就毋庸恐懼他人加諸暴力，而得以行使各自的自由？關於此點，康德的論點雖不像盧梭那麼悲觀，但似乎也並不很樂觀。畢竟設定客觀秩序的，還是活生生的人類。

遵守現存的法秩序，始能確實分配每個人各自固有的事物並予以保障，也才能決定何者為正當、何者為不法。但既然訂定法律的立法者也只是個人，就不可能因此實現理想的社會狀態。正如康德自己所指出，人性本是扭曲的材料，不可能從中產生直截的事物。這個課題是人類最後該解決的問題，換言之，這個問題實際上不可能獲得解決，但我們必須永遠持續努力實現這個目標。

文獻解說

本章相關的康德著述，都有數種不同的日譯本，在此介紹最近岩波書店出版的康德全集。本書所採擇者包括岩波書店出版的康德全集第十一卷所收錄的《道德底形上學》（樽井正義、池尾恭一譯，二〇〇二年），與收錄於第七卷的《道德底形上學之基礎》（平田俊博譯，二〇〇〇年）以及《實踐理性批判》（坂部惠、伊古田理譯）。

康德的「人性本是扭曲的素材，不可能從中產生直截」這句話，是政治思想史學者以撒·柏林最喜歡引用的一句話，亦成為他的論文集的書名*The Crooked Timber of Humanity*（Isaiah Berlin, Henry Hardy ed., Princeton University Press, 1990）。這句話本身出自〈世界公民觀點的普遍歷史的理念〉的命題六，收錄於岩波書店的康德全集中第十四卷《歷史哲學論集》（福田喜一郎譯，二〇〇〇年）。

有關為何人類應在國家的支配下生存，康德與霍布斯有類似的論述部分，請參閱《立法的復權：議會主義的政治哲學》第三章〈康德的實證主義〉（Jeremy Waldron著，長谷部恭男、愛敬浩二、谷口功一譯，岩波書店出版，二〇〇三年）。

關於立法者本身即為人類，因此建立讓每個人都能自由行動的客觀法秩序永遠只是個目標，期待人類持續努力將其實現的這個論述，與康德在《論永久和平》中實現世界和平的論述類似。追求國際和平，必須使大部分均有武裝民兵的共和國並存及維持平衡，實現這個理想是人類該永遠努力的目標。與之相同，為了使動輒訴諸暴力的人類能獲得行動自由與和平共存，必須打造一個擁有強制力的客觀法秩序——這也是人類該永遠努力的目標。

有關康德對於法律與道德之關係的思想，亦可參閱拙著〈康德法學理論備忘〉（刊於《立教法學》八二號，二〇一一年四月號）。

第六章 使人們得以共同生存的憲政主義

政治自由主義（廣義的自由主義）的歷史起源，在於宗教改革及其後續，也就是十六世紀至十七世紀間有關宗教應否寬容的漫長爭論。

——羅爾斯

區分公私的必要性

前面我們概觀了霍布斯、洛克、盧梭、康德等人的國家觀，以社會契約為架構，討論如何能使各種相異之人共存。從他們的論述中可以看到下列重點：國家（或政府）究竟為何存在？國家的權限、國家的權威得以被承認的範圍及其界限為何？

國家最重要的任務，便是確保社會和平。人們對於是非善惡的意見容易對立。縱使不採霍布斯的極端立場，認為若無國家的存在便無法對於善惡進行共通的判斷，而是如洛克所述，相信在抽象層次上，存在一個眾人的基本合意，但當適用到各種具體狀況的時候，由於與每個人固有的利害相關，所以必然會產生衝突。而且如康德所言，愈是經過個人認真思索以及積極實踐的「善」，反而會使衝突愈激烈。

當然，國家還有許多其他非做不可的事，例如防禦外來的攻擊、為避免外來攻擊而為的外交活動，或是為了造福大眾而築橋修路、建造港灣等。只是這些任務，同樣必須在社會和平獲得確保之後，才能開始進行。

善惡的判斷雖可能產生激烈衝突，社會契約論者仍假設：人們畢竟珍惜自己的性命，希望盡可能享受安穩且有尊嚴的生活，因此願意建立國家，以保障社會的和平。儘管如此，國家畢竟是由來自不同環境、擁有不同世界觀的人們所組成。為了維持國家內部的和平與建立秩序，手法必須非常講究。而核心便是區分公共事務及私人事務，亦即公私的區分。

對於個人內心信仰的宗教，霍布斯與洛克的觀點相同，都認為國家不應予以干涉。而盧梭強調普遍意志與個別意志的區別，也是先假設每個人應自由決定的事務（個別意志）及應為了實現社會共同利益而決定的事務（普遍意志）兩者有所不同。社會共同利益現在稱為「社會福祉」，而國家應介入的只有和社會福祉相關的事務。其他事務，例如自己該信仰什麼、什麼對自己的人生最重要等問題，讓個人自由判斷，反而更能維持社會和平。政府如果干涉這類問題，就如洛克所說的，反倒可能激起人民的叛變。只有政府保證不加干涉這些個人日常生活與人生中非常重要的事務，個人才會有意願致力促進社會共同利益。

但公私的界線究竟該如何劃分，則會依時代、社會的不同而改變，並沒有一條「非如此劃分不可」的界線存在。霍布斯就大體上承認政府的權限，而且他也和洛克的想法一致，認為天主教徒不該列入宗教寬容的對象。但這和當時英格蘭的特殊背景有關——防止國外天主教勢力入侵或煽動內亂，是他們最關心的前提。社會契約論的原始構想，乃是設定一個社會結構，讓抱持不同世界觀的人們都能在此和平共生，並確保社會和平及每個人安穩的生活。所以只要這種特殊背景不存在，那麼天主教徒當然也應該被納入宗教寬容的對象。

另外，被認可得以自由選擇屬於自己的事務，以及參與和社會共同利益的討論或決定之人，前述四位社會契約論者都認為只有成年男性具備資格。洛克的財產權論，甚至排除了他所謂並未有效活用地球資源的美洲大陸原住民，而且洛克還對歐洲人在美洲大陸建立殖民地加以正當化。這些見解之所以偏頗，都是受到當時時代的限制。深究社會契約的原理，根本沒有理由將女性或不同種族之人排除在社會成員之外。

上述的見解，也構成了現代憲政主義思想的核心。憲政主義簡單而言，就是透過憲法，創設國家，同時也限制國家的權限。至於為何需要設限？則是為了要讓世界觀相異的人們得以公平共存。因此，必須區分公私領域，而且必須限制國家的活動範圍只能限於公領域。

或者，我們也可以換個說法。憲法的精髓就是要求人們服從國家命令，而不以個人判斷為準，一旦國家跨越了其正當權威的範圍下達命令，人民便無服從國家命令之必要。

基本人權的保障與政教分離

《日本國憲法》第三章「國民之權利與義務」中規定了各種基本人權，如思想、良心自由（第十九條）、信仰自由（第二十條）、隱私權（第十三條）等。其中大部分規範了由每個人自行決定的權利，在憲法保障自由選擇的範圍，遵守公私領域的區分。

另一方面，其中也談到政教分離（第二十條）等具有提醒作用的規定。《日本國憲法》明文規定不得讓特定的世界觀（即宗教）混跡、占據政治公領域。信奉特定宗教的族群利益，若與社會的共同利益混淆；或者不同宗教間有差別待遇，則利益受到侵害的人們，不僅會因受歧視而心生不滿，也必將不再有意願為社會福祉真誠奉獻。而這當然可能引起社會嚴重的分裂。

不過，也並非所有採憲政體制的國家都會將政教分離規定於憲法中，也有的國家直接規定國教，如英國和挪威（雖然英國並無成文法典）。究竟要不要在憲法中規定政教分離原則，應從中長期的觀點，看該社會的政治情況或宗教對立的狀況如何。如果特定宗教占據政界，是否有扭曲理性實現社會福祉的危險性？或者縱使規定政教分離，該嚴格要求分離到什麼程度等。這些因素都應加以考量。

另外，從憲政主義的立場制定憲法後，也不能讓基本人權的保障空有文字，實則束之高閣。雖然行諸文字並非全然毫無意義，但要使其確實被遵守，也需要一些努力。例如，以分權防止國家濫權、創設違憲審查制度，以監督國家是否逸脫其權限、將重要原則規定於憲法典，再加上高門檻的修憲程序等。簡言之便是使憲政主義的社會基礎及其各種原則不易被改變。有關這個問題，將於第二部及第三部進一步探討。

正義情況

從霍布斯到康德，社會契約論者所設想的價值觀、世界觀之衝突，乃是近年政治哲學中被稱為「正義情況」的重要因素。所謂正義情況，並非指已經達成正義的狀況，而是當「正義」是多數人組成社會必須具備的要素，為使其必要而應具備的前提狀態。

關於此一問題，最早提出討論的思想家是休姆，近年則有法哲學家哈特（Herbert Lionel Adolphus Hart）及政治哲學家約翰．羅爾斯（John Rawls）。根據羅爾斯的理論，讓人們認為正義是必要的前提，亦即正義情況的內容，大致可區分為客觀條件及主觀條件。客觀條件包括：眾人群聚生活、人們的身體及知識能力大致均等（霍布斯亦曾論述此一條件）、人類生存所需的資源有限且稀少。另一方面，主觀條件包括：縱使人們的關心或所需的對象相互重疊，仍有各自獨立的生存計畫，對於何者是好的生活方式想法各有不同，以及人類的知識、理解及判斷能力並不完全。

在這種情況下，尋求稀少資源的人們，對於好的生活方式為何的價值觀各異，相互間具有緊張關係，彼此競爭。此時，如何才能公平地分配社會生活的成本及利益，就必須基於正義的理念對其檢討、決定及執行。

馬克思（Karl Marx）認為，若能充分發揮生產力，縱使權力或決定其界限的法制度不存在，人們仍能利用充裕的資源，使其能力開花結果。換言之，只要讓正義情況的客觀條件消失，正義便沒有存在的必要。到時，國家——一個試圖獨占稀有資源的支配階級拿來進行階級鬥爭的工具——也就沒有存在的必要，人們便可利用充裕的資源自由且幸福地生存。

但是，實際發生了無產階級革命的國家，卻不是已充分發展生產力的資本主義國家，而是俄羅斯及中國等農業國家。這些國家為了使生產力提高、抵禦周圍虎視眈眈的資本主義敵國，以及保衛無產階級革命，結果採取無產階級專政的策略。至於獨裁的後果，相信大家都心知肚明。

至今，標榜共產主義的國家仍然存在，但這些國家和馬克思論述中的德國政治體制，幾乎毫無二致：

現在的德國體制早已不合時宜，和普世公理有著明顯的矛盾，本身就是眾所皆知的空洞「舊體制」（Ancien régime）。這個體制不過盲目地相信自己的存在及正當性，並且要求廣大的世界也要接受相同的幻想……現代的舊體制下真正的主角們早已死亡，一切世界秩序只是假象。

文獻解說

黑格爾曾說，只有在國家與教會分離的情況下，才能獲得本質性規範，亦即自我意識的理性及道德性。而想達成與教會分離的目標，只有在教會本身分裂時才有可能（《法哲學原理下》，上妻精、佐藤康邦、山田忠彰譯，岩波書店出版，二〇〇一年，第四六二頁）。換句話說，欲使社會的共同利益與具有特定世界觀的宗教保持距離，產生真正實踐理性的近代國家，這個前提就是教會的分裂。當然，宗教寬容並非馬丁・路德或喀爾文改革宗教的原初目的。如同現代政治哲學家約翰・羅爾斯所指出，馬丁・路德或喀爾文，和羅馬教廷其實如出一轍，都是教條主義且不寬容。

這個世界充斥著無法評斷優劣而且互相對立的世界觀。那麼應該建構什麼樣的社會，才能讓這些價值觀各異的人們平等共存呢？這個問題，羅爾斯也曾經試圖回答。我們可以從《政治自由主義》（*Political Liberalism*, John Rawls, Columbia University Press, 1996）一書中了解羅爾斯的觀點。羅爾斯將這種社會特質稱為自由主義。不過應該有不少人對此有所質疑——比方說，霍布斯算得上是自由主義者嗎？在霍布斯的著作裡面，充其量只能看得出自由主義的萌芽而已。霍布斯雖然也主張為價值觀相對立的眾人建構一個平等共生的社會，但他認同政府可以擁有權威的範圍卻太過廣泛，實在很難被認為是自由派，也很難將他歸為自由主義者。把他放在憲政主義提倡者的位置，反倒比較適當。

有關近代歐洲開始出現憲政主義的背景，請參考拙著《重論憲法與和平》（筑摩新書出版，二〇〇四年），尤其是第二部。其中比較複雜的討論，是公私領域的劃分，這並非指空間上或物理上的劃分。例如在自家內吸菸，並不能單純認為是私領域的問題，因為這會對吸菸者及其家人的健康有害，從而造成社會所負擔的醫療費用增加，這時便成為社會共同的問題。因此，問題究竟屬公領域或私領域，應視國家會用什麼理由介入而定（以及其介入是否正當）。

憲法特別注重基本人權的相關定義，如同本文所述，是指「縱使國家有理由主張應服從國家命令，人民仍有不需服從國家命令的理由」，行話就是「排除性容許」（exclusionary permission）。

當國家要求人民服從自己的命令時，一定都會準備好冠冕堂皇的理由。例如某市制定了一項自治規章，規定市政府前的道路上不得散發傳單。理由在於散發傳單經常會把傳單丟得滿地，明顯有損市中心道路的觀瞻，不但居住於附近的市民會抗議，對於吸引觀光客也一定有影響等等。但考量如果是在市政府前散發批評市政措施的傳單，憲法便不會同意此自治條例。因為散發傳單能夠確保言論、表現自由及反應不同意見和多樣的利害關係，並理性地實現了全市共同的利益——而這些正是一個都市之所以存在的原始目的。所以，從中長期的效果而言，憲法會選擇保障散發傳單的權利。

縱使如此，為了守護街道的美觀，遵從市府規定不散發傳單，當然也無不可。有常識的人都會這樣選擇吧。但從憲法理論的角度，「排除」市府規定，散發傳單反而應該是被容許的，這就是「排除性容許」的意義。有關「排除性容許」，請見收錄於東京大學編著《學問之門》（講談社出版，二〇〇七年）中的〈憲法學說些什麼〉一文。本文亦收錄於拙著《憲法的imagination》（羽鳥書店出版，二〇一〇年）。

將組織一個社會所需的基本原則寫入憲法典中，並且要求憲法典的修正必須經過嚴格的程序（此種憲法典稱為剛性憲法），是「預先承諾」（precommitment）的一種形態。這也可以意譯為「合理的自我約束」，最典型的例子便是結婚。兩情相悅者共組家庭、養兒育女，就一定得結婚嗎？有人認為不一定需要締結婚姻契約，因為人的心情容易改變，偶爾也可能犯錯。既然將對方當成一生的伴侶，除非發生劇變，否則兩人不管過了十年二十年，都還願意一同建構並維持家庭（這不但是為了雙方，也是為了孩子），才是婚姻的意義所在。因為事先預測可能有判斷錯誤的危險，便事先拘束自己的選擇，讓自己不會選擇錯誤。身為主權者的人民以憲法典事先拘束自己，限制自己政治性選擇的範圍。

本書第十章有關制定憲法權力的說明中還會再提到，憲法學上的邏輯為在制定憲法前，身為主權者的人民即已存在，人民為自我拘束而制定憲法，嚴格說來，這與現實並不相符。最多不過是個比喻而已。話說回來，為了說明憲法「為預防未來採取不合理的行動，事先做合理的拘束」的功能，這個比喻還算簡單明瞭。

有關「正義情況」，請參約翰·羅爾斯的《正義論（修訂版）》第二十二節（川本隆史、福間聰、神島裕子譯，紀伊國屋書店出版，二〇一〇年）。另一方面，哈特的《法的概念》（矢崎光監譯，美鈴書房出版，一九七六年）的第九章第二節中也提到，所謂「自然法最小範圍的內容」，包括人類易相互傷害、人類的大致平等、有限度的利他主義、有限的資源、有限的理解力及意志的強弱等。

從資本主義社會過渡到共產主義社會的轉型期，必須有無產階級的革命專政，此一論點請見〈哥達綱領批判〉，收於筑摩書房的《馬克思全集四》（細見和之譯，二〇〇五年，第九十九頁以下）。其後列寧在《國家與革命》（宇高基輔譯，岩波文庫出版，一九五七年）中發揚此概念，主張無產階級經過暴力革命，奪取資產階級擁有的國家權力。無產階級專政的過程，最後會讓國家制度消滅。

本章最後馬克思的話，收錄於〈黑格爾法哲學批判序說〉中。另外也可見諸《馬克思全集一》（三島憲一譯，二〇〇五年）的一六五頁，不過，跟本書中其他原典引用之處相同，我並未完全照抄譯文，而是略有潤飾。是否只有我認為，現代中國似乎正如馬克思所預期，將會發生無產階級革命的資本主義社會？

第二部

國家與法律的結合如何影響人們的判斷

第七章

法律的規範性與強制力——凱爾森與哈特

由於無效的法律幾已非法律，「法律違憲」者無效的說法，並無意義。

——凱爾森《法與國家的一般理論》

在第一部裡，我們探討了國家究竟為何而存在。第二部則要探討法律是什麼，以及法律與國家的關係。首先，法到底是什麼？現代的法學家討論這個問題時，通常會提到漢斯・凱爾森（Hans Kelsen）和哈特兩位法哲學家的論述。這兩位的立論及關注的焦點，對於回答法是什麼、法與國家關係為何時，有許多發人深省的見解。

實然與應然

凱爾森是出生於奧地利的猶太法學者，除了法哲學外，在憲法及國際法領域的著作也頗為豐富。他參與過第一次世界大戰後《奧地利共和國憲法》的起草，並擔任依據該憲法設立的憲法法院法官。其後因納粹排拒猶太人運動高漲，凱爾森因此流亡美國，餘生便活躍於美國。

凱爾森最有名的論點，便是強調區分「實然」（Sein）與「應然」（Sollen），以英語而言即「is」及「ought」的不同，指的便是事實與規範應嚴格區別。

最早開始明確主張這個論點的是休姆。休姆指出，世上的道德理論家對於神是否存在，或者對於世界萬象的解釋，都從「is」或「is not」的角度出發，然後導出「ought」或「ought not」的結論。但這種推論方式很不妥當。他認為，光是記述事實不能推斷出「什麼事應如何做」的規範性結論。除非這個推論過程包含了至少一個的規範性表述作為前提。

法律正是規範的一種。一般而言，法律是人應如何採取行動的理由。如下一節的說明，雖然也可能有人不認同這樣的看法，但凱爾森和多數人一樣，仍然認為法律是規範的一種。

法預測說的問題

例如，某個縣制定了「不得於餐飲店中吸菸」的自治條例。條例是法律的一種，若老實接受這個規定，便是認定在縣內的餐飲店中不應吸菸。但認為法律不是規範的人會主張，這個條例所說的是「如果在縣內的餐飲店抽菸會被警察逮捕，然後就會進法院被判罰金」（或有這個可能性），因此只是一種預測。這便是法預測說的理論。

但事實上，法律很難單純地被還原成事實的敘述或預測。說白一點，在這種預測中出現的「法院」，是依法判斷之後，有權限宣示或變更人的權利或義務的公家機關，而這個機關的概念本身就具有規範性，並不能還原為單純事實敘述或預測。因此，法預測說的焦點毋寧是指出，法學所處理的問題，雖然是預測法院就具體個案將導出什麼結論，但在進行預測的時候，條例或法律等，卻未必總是能作為預測的堅強依據。但是這種見解若要成立，仍然必須先知道「法律」究竟是什麼。這和預測法院的行動不同，是為更先決的條件。如此亦方能了解什麼事是法律命令或禁止的。

凱爾森的「基本規範」

接下來必須說明，若前述條例確定是個規範，則這個條例是如何被採行的。凱爾森認為，我們無法以該條例的內容符合道德正確性，來證明條例是我們的行動依據。縱使條例有道德作後盾，但判斷什麼是「道德」卻因人而異，結果難免產生衝突，甚至會得出「人沒有必要依條例規定行動」的結論。不過，世上絕大多數的人，通常不會想這麼深，條例就是條例，這就已經是個充足的守法理由了。

凱爾森認為，條例具有在歷史上某個時點，由特定人實際制定的特質，所以才稱為法律。這種法律的定義為「實證法」，亦即確實有「由某人所制定成法」的事實存在。例如上述的條例，當被確認是在××年○月△日，在一座稱為「縣議會」的建築物的大廳中，數十人共聚舉手（或起立）表決通過，這個條例才成立。但僅是如此，仍然只是事實的記述，要做出「這些人聚集在某處一起舉手表決後，讓這個條例變成法律」這個結論，還必須有「這些人擁有代表『縣議會』制定條例的權限」，這就是一種「規範性」判斷。而這個規範性判斷的前提，則是必須要有「法律」賦予縣議會制定條例的權限。在現代日本，地方自治法便是這樣的一部法律。

為使地方自治法成為法律，也同樣必須有「由一群國會議員聚集在某處，以舉手或起立表決」的事實存在，而且這也同樣只是個「事實」。事實並不能制定法律「規範」，國會的立法權乃是憲法所賦予。不過，依照這個方法再往上追溯憲法規範從何而生，就走進了死胡同。因為並不存在比憲法更上位的規範（或有認為國際法是更上位的概念，但此一想法並未獲得多數人的贊同。因為國際法是否是真正的法律，仍有爭議）。

那麼該怎麼辦呢？凱爾森認為，人們因為實證法正因是實證法，故應予遵守（現存的法律本身，就是守法的理由）。要清楚說明此狀況，其實只有一句話，就是因為人們在心裡上已經接受了服從憲法的觀念，要服從法秩序裡面最上位的法。

這個「應遵從憲法」的「思維上的前提」，便是凱爾森所謂的基本規範（Grundnorm）。凱爾森認為，當然，人們可能根本並未意識到自己心中存有這個「前提」，但想合理說明人們為何自然覺得應該遵從實證法，只能認為人們已經視此為行動的前提。凱爾森並未回答視此為前提是否正確（或是否有道理），他認為這並非「法科學」應回答的問題。他簡單提到，法科學只處理人們如何行動、規範如何產出，以及行動和規範在何種前提下才能成為可能等。

哈特的「承認規則」

哈特和凱爾森一樣是猶太裔法哲學家，長年在牛津大學任教。曾當過租稅法律師，於第二次世界大戰中亦曾在政府諜報單位ＭＩ５工作過，人生雖有各種起落，但並不像凱爾森那麼曲折。

凱爾森的觀點如前一節所述，認為條例或法律等實證法，都是因為更上位的實證法授權，始能獲得實證法地位。但是否必然都是如此，哈特並不以為然。

例如在前近代社會，法律是經由人們的習慣慢慢形成及確立，其後因為人們不再遵從而漸漸衰退並消失。但此種經由習慣形成的法律，仍應與純粹的習慣有所區別。例如，有些人每週六都有到澀谷的百貨公司購物的習慣，但卻不能因此認定這些人每週六都去百貨公司購物的習慣是一種「法律」。哈特指出，要形成一個法，不僅應基於人們固定的行動模式，而且還必須讓人們意識到該種行動模式是種法律，人們所採取的行動會以此法律被評價或批判。以他的術語而言，即法必須具備「內在觀點」（internal point of view）。

不過，法律經由人們的習慣而產生乃至消滅，在現代社會已不多見。至少這過程已經不是法律形成或廢止的標準案例。現代社會的變化極為劇烈，約束人們行動的規範，既有必要因應狀況頻繁變化，且變化時亦有必要廣為人民所知。例如火車、汽車、飛機等新型交通工具的發明和使用，便有必要重頭制定有關製造、維護規格或交通規則等規範，而這些新規範，不可能等待人們的習慣慢慢形成法律。為了使規範人們行動的法律確實呼應社會的人為變化，制定了新法律。而又為了解決法律適用問題，創建新規則。這些「規則的規則」，就是二次規則，在現代社會是必要的。而二次規則的核心概念，便是哈特所稱的「承認規則」，用來辨識或承認社會中人們應該遵從何種法律。

承認規則雖然是現代社會的產物，但也能經由習慣形成。以法官為主的公務員，經由實務慣例形成並確立的規則即是如此。例如現代英國，有「國會制定法是最高法規」這個承認規則。而現代日本，凡依據《日本國憲法》之規定，由國會所制定的法律，或類推適用的法律，便是承認規則下的日本法。此規則必須有以法官為主的公務員們接受並實踐，才能形成及存在。易言之，與凱爾森的基本規範不同，承認規則並非僅以思維為前提，而是作為一種事實而存在。當其被實行之後，便能化為內在觀點。只有依據承認規則而被認定為該社會的法律，才應當被視為「法律」。

從哈特的立場，現代日本之所以認為《日本國憲法》是最高法規，係因公務員們接受憲法是最高法規並予實踐之故。講得更清楚一點，這裡所稱的《日本國憲法》並不只是翻翻國語辭典就可以理解的憲法條文，而是最高法院以下的所有公務員們目前所理解的《日本國憲法》，才能算是最高法規。因此法官們所理解的憲法內容，一般外行人看來可能會認為早已逸脫了條文範圍。

這種只為菁英所接受的最高法規，與一般人民理解的最高法規完全無關，使得憲法典空洞化，變成放著好看的裝飾品。本來這種極端悖離人民期待的病態狀態不該發生，但其實這種悖離的狀況，每個國家多少都會出現。

哈特雖認為承認規則在現代社會到處都存在，但並未特別說明為何會到處存在。或許哈特認為，既然以法規範人們的行動，理所當然就需要能夠分辨這類法的規則。既然現代社會必須有意識地制定且修正法律，並遵從法律解決紛爭，則承認規則的存在就是再自然不過的了。如果想再進一步問，為什麼人類過社會生活必須有社會的共同法存在，便回到第一章所探討的議題了。

對哈特而言，法律在何種意義之下才可以稱為規範，和前述問題也有關。如果就前近代社會如何形成法律，或現代社會中承認規則的形成來切入，哈特似乎認為，法律其實只靠人們的意識或行動等事實來支撐。在他主要著作《法律的概念》序文中提到，這本書其實是「試論描述社會學」（descriptive sociology）。但我們不免會問這豈非藐視了實然及應然的區別？法律並非真實給予人們應如何行動的理由，而只是人們盲信法律具有提供行為準則的功能而已？

如果讓哈特回答這個問題，他可能會說，這和凱爾森的理論沒什麼兩樣。凱爾森說基本規範源自於人們的思維，那麼依據基本規範，我們又應該遵從什麼樣的法呢？結果鬧了半天，我們還是只能做到「該社會的人們遵從的法是某某法」的事實描述而已。不過，這仍舊無法說明法律為什麼可以提供人們行動基準，成為應然的「規範」，而非僅只描述人們（實際上）如何行動而已。如前所述，凱爾森也從未對此有任何說明，基本上他根本對這個問題擱置不理。因此似乎只能說，凱爾森也認為，人們只是說服自己相信法律應被遵守而已。

不過，這是否表示法哲學的任務就此打住，法哲學僅僅是記述人們的社會行動呢？恐怕沒有人能接受這種說法吧。為何法律會是規範？為何人應遵從法律，要說明理由，還是得從社會生活中法所扮演的角色說起。如同第一部的說明。

如何看待法律的強制力

這個問題須探討法律及強制力間有何關係。多數法理論家認為，法律和強制力的關係是切不斷的，尤其是凱爾森。他因為過於相信法律與權力的強制無法切割，甚至極端到主張任何法律都伴隨著強制力。但這種見解要怎麼說明呢？比方說民法中的契約規定。民法雖規定了怎樣的條件便能締結有效的契約，但縱使違反，也只是所締結的契約無法被認為有效而已，人們並不會因為未能締結有效的契約而鋃鐺入獄或被判處罰金。話雖如此，不過和契約相關的法律規則，還是可以與強制力結合。只要遵守某些條件便能締結有效契約，之後縱使有個萬一，亦可以經由法院強制執行契約內容。因此民法中的契約規定，只可說是「部分」的法律，必須與強制執行（包括支援強制執行背後的刑罰規定）合併以觀，始得認為是一部完整的法。凱爾森便採取這個觀點。

這種見解確實可能，但略嫌極端。畢竟法律的角色仍然應被認為是讓一般人在過社會生活時（在一定範圍內）該如何行動的指標。若認為不與強制力配成套就不是完整的法律，那麼原被認為是社會生活指標的法律，就會有相當大部分會變成不完全的法。即便是賦予特定人特定權限的憲法也一樣。若是以如述方法來認定「完全的法」——即依照憲法制定法律，又依法律訂定契約，則契約受到法律、同樣也受憲法保障，因此，完全的法得已成立——那麼，憲法地立不免受到矮化。

再次重申，此種對於法律的觀點，理論上並非完全不能成立，只是略嫌極端，似已脫離常軌。

相反地，若太小覷強制力的要素，一樣會造成問題。觀看哈特的著作，就讓人覺得，他似乎太小看了法律所具備的強制力要素。

如霍布斯所言，人們為了能安心且和平地生活、為了過著豐足而有尊嚴的生活，不被眼前的利害矇蔽，而不採取違反自己中長期利益的行動，那麼強制人們如何行動的權力秩序即有存在的必要。守法與否，和法律命令是什麼無關，該採取何種行動本身就是理由。應遵從法律的規定，而非遵從個人的判斷，係因自己的判斷易為眼前利害矇蔽——比方說不願意只有自己納稅，或者雖然期待自己和大多數的人採取同樣行動，卻無法準確預測其他大部分人會如何行動，所以才允許政府制定法律，而且保證違反者將被科以處罰，這樣才對於人們應採取行動的準則確立有幫助。因此法律之所以成為「規範」，成為行動準則，理由就在此。賦予法律強制力的理由亦然。

文獻解說

休姆關於「實然」與「應然」之區別的論述，載於《人性論》第三篇第一部第一節最後段。

法預測說源自美國唯實主義法學派（Legal Realism）。但屬於唯實主義法學的學者，也有多種不同的見解，引用之際必須注意究竟是誰、以何種脈絡提出的理論。較常被引用的，是有名的美國聯邦最高法院大法官荷姆斯（Oliver Wendell Holmes）在演講中提及的：「什麼是法律（the law）？法律，就是預測法院實際上將如何行動。此外的解釋均屬饒舌。」（Oliver Wendell Holmes, "The Path of the Law", *Harvard Law Review*, vol. 10, no. 8, 1897, p. 461）不過請留意，荷姆斯這場演講，是以即將成為律師的法學院學生為主要聽眾。由於律師必須給予委任人適切的法律意見，因此當委任人的案件進入法院時，正確預測法院將如何判斷，就是律師必須具備的基礎能力。在這個意義下，大法官把律師應習得的「法律」，限縮解釋成「對於法院如何判斷的預測」或許沒什麼不妥。只是這與一般常識所理解的法律並不相同。這也是本文提醒讀者的：我們對荷姆斯大法官的法預測說，可不要囫圇吞棗地接受。

在凱爾森的一生中，他的理論曾有幾次根本的變化。他的理論，成熟期時的代表作是《純粹法學》第二版（Franz Deuticke, Hans Kelson, *Reine Rechslehre*, 2nd ed., 1960）。本書雖無日譯版，但《法與國家的一般理論》（尾吹善人譯，木鐸社出版，一九九一年）也是可供參考的另一代表作。原作為*General Theory of Law and State*（Havard University Press, 1945）。有關基本規範的說明，載於同書第二〇〇到二〇二頁。強制力為法律上本質性要素的說明，載於同書第七十七到七十八頁，而基於此觀點，憲法僅是部分法規範的說明，則載於同書第二三八到二四〇頁。

如同本文之舉例說明，凱爾森學說的特質，就是太注重理論的一貫性，縱使因而導出矛盾的結論也在所不顧。這可說是凱爾森理論的弱點，卻也是他的魅力。再舉一例，他認為「違憲的法律」並非無效（《日本國憲法》第九十八條第一項則規定，違反憲法之「法律、命令、詔敕及與國政相關之其他行為之全部或一部分，不具效力」），因為若是無效，該法就已非法律，也沒有必要特地請求法院判斷該法為「無效」。之所以必須訴請法院判定「違憲無效」，是因為該「違憲的法律」以「法律」之名適用於整個社會。而既然是一部現行的法律，就一定已經得到其上位規範——憲法——之授權（愈講愈奇妙）換言之，國會制定合於憲法的「合憲的法律」之權限係來自憲法授權，但同樣地，憲法其實也默示國會有制定「違憲的法律」之權限。只不過此種「違憲的法律」要在被違憲審查機關做出「違憲無效」的宣告之後才屬無效。關於此點請見《法與國家的一般理論》第二五六到二五七頁。前述《日本國憲法》第九十八條第一項的規定，如果是凱爾森，他大概會這麼解釋：此規定純粹只是對行使違憲審查權的法院所為的指令。至於一般公民，如果以為可以依己見自行認定某個法令違憲無效而不予遵從，那他可要倒大楣了。

哈特的主要著作《法律的概念》於一九六一年出版（矢崎芳校譯，美鈴書房出版，一九七六年）。在此譯文中將「rule of recognition」譯成「承認規則」，係因嶋津格教授認為此規則所扮演的角色，即於該社會以實證法的身分被認定為規則，因此譯為「承認規則」。本書依照嶋津教授的意見，亦譯為「承認規則」。

有關經由習慣形成的規則，與現代社會形成第二層規則，請見《法律的概念》第五章，而承認規則部分則請見第七章。有關哈特經由習慣形成的論述，其實分散於該書的各處。《立法的尊嚴》（Jeremy Waldron著，長谷部恭男等人譯，岩波書店出版，二〇〇三年）十五頁以下所彙整的說明，讀者或許較容易理解。對於法預測說的論述如僅認為自條文文字解讀，便無法說明這些人所稱「法院」本身亦依據法律成立，亦即係基於法律之授權而存在。此批評可見於哈特《法律的概念》第七章第二節。

哈特低估了法律必須具備的強制力要素。對此提出質疑的，是拉茲的學生，法哲學者馬默（Andrei Marmor），他所著*Philosophy of Law*（Princeton University Press, 2011）第四十到五九頁中質疑，法在社會上扮演的角色為何？為充分發揮這個角色的功能，政府行使強制力不是必要的嗎？如此人們才會尊重法律並且服從法律的規範不是嗎？於本章第二節中有關法預測說的論述，可參閱該書第三十到三十三頁之說明。

第八章

法律與道德的關係——哈特與德沃金

每個公民都有責任構思一個能促使公民社會進步的道德原理。

——德沃金《法律帝國》

道德該如何定位？

上一章提到的凱爾森及哈特，都屬於法律實證主義（legal positivism）的學者。此一思潮認為，能被稱為「法」的只有實證法（positive law），亦即特定人於特定時點所決定的法。與此種思考相對立的，為自然法論。自然早已決定一個人從出生到死亡的一切行為準則，呈現如此準則的「自然法」才是根源性的法。而實證法只有在與自然法一致的情況下，始能被稱為法。第三章提到的洛克，至少他的《政府二論》，似乎可以認為是自然法論的一種。

不過，純粹的自然法論思想，在現代社會裡能被多少人普遍接受呢？這實在令人生疑。如第六章所述，初期近代社會之所以出現憲政主義思想，是因為人們對於該如何生存、世界究竟為何而存在等根本的價值觀及世界觀產生歧異，甚至發生嚴重對立。從那時開始，對於這些價值問題，大家就偏向「毋須存在一個所有人都適用的自然法秩序」。

為何要遵從實證法？凱爾森並不認為「因其內容在道德上是正確的」是其答案。也是這個原因，他認為遵從道德與遵從實證法，其實邏輯是相同的，只對於採取該觀點的人而言才屬有效。套用他的特殊修辭便是：只有對於將「應遵從道德秩序」這個基本規範當成自己思維前提的人，才是有效的。

不過這裡所說的「道德」，具有非常特殊的意義。比方說，究竟該服從基督教教義或佛教教義，是一個因人而異且有不同選擇可能性的問題。同理，是否該採取「道德」這個觀點，也應先假定每個人有選擇的自由。的確，我們都能「理解」基督教徒或佛教徒的道德體系。至於是否要「遵從」其中的某個道德，那就跟「信仰」一樣，是個選擇的問題。但「道德」是否本來如此呢？

這便是第一章所述的問題。當人們採取行動時，其理由何在？縱使非基於自己的判斷，而是因遵從法的誡命而為的判斷，亦即第二層次的判斷亦是如此。因此若將規範人們行動的理由稱為「道德」，那麼有關道德的思辨，也不會只有採取「道德觀點」的人得以壟斷。只要人類存在，便一定會採取道德這個觀點，那麼便很難認為這只是「觀點」的選擇問題。

依據神奈川縣的條例，規定於餐飲店不得吸菸。如果你選擇的是「遵守實證法」，那麼你就不可以在餐飲店吸菸。當然，也有人不採取這個觀點。比方隨處任意吸菸，不但有害他人健康，且過度吸菸亦有害自己的健康，造成社會負擔的醫療成本增加。因此從道德觀點而言，吸菸是不應被允許的。但我們可以說：「我同意隨處吸菸不符合道德，但因為我自己並不採取道德觀點，所以禁止隨處吸菸的結論不適用我」嗎？

反過來說，也必須質疑：以特定的信仰或信條為前提的道德，可否被稱為「道德」？適用一般人的、大家都同意的道德，不是才能稱為道德嗎？因為，以「從我信仰的宗教的觀點，這麼做才是正確的」為理由，是無法說服不同觀點的人們的。

法官的良心

《日本國憲法》第七十六條第三項規定：「所有法官均應從其良心，獨立行使職權，僅受憲法及法律之拘束。」條文中的「良心」在解釋上極為分歧。若採「主觀良心說」，則條文所謂「良心」指的是法官個人的良心，因此可能因人而異。相對地，採「客觀良心說」則認為，裁判結果因法官個人的良心而有變化是很有問題的，因此條文所稱「良心」，係指法官應依「憲法及法律」這個客觀意義下的良心為裁判。換言之，後者認為「從其良心」這個字眼本身並無意義。

兩說看似對立，其實共同具有一種特別的假設。亦即，若條文所稱「良心」具有其獨立的意義，便如同基督教徒或佛教徒心中的道德，從而道德的意義便可能由個人各自選擇。僅就此假設而言，或許客觀良心說較為正確。

但這種假設是否適切仍有爭議。所謂「憲法及法律」，所表彰的也就是實證法秩序，而為何應遵從實證法是有理由的。理由就是前面提到的，「只要是人，便不得不遵從的道德」。換一種說法，其實便是「良心」。既然是法官，當然應遵從實證法的規定。但僵化地適用實證法，有時亦可能得出不合理或非常怪異的結論。遇此情況，法官應回頭檢視「遵從實證法」這個一般性理由的背景，如此才能發現，在某些情形下不能依照字面意義解釋及適用法律。何況，之所以將裁判的工作委由有血有肉的法官，而非由電腦進行，也是因為對法官有此期待。

在此意義下，實證法秩序亦成為廣義的道德。法官一般依從有道德為後盾的實證法為判決，但於例外情形，亦可回歸實證法背後的道德層次，而導出與實證法條文不同的結論。依此思考模式，法官既然是人，便不得不遵從良心。因此條文中所謂從其良心，便與遵從「憲法與法律」不同，而有其獨立意義存在。

而廣義的道德，並不意味人們的意見必然一致或大多一致。事實上不一致的情形也很常見。即使如此，也不能迴避「人們該如何行動」，「其理由為何」的問題。對法官而言亦然。

尋求「正確答案」

上一節說明了縱使是法官也不能迴避人們該如何生存等一般性的道德問題。將這個問題延伸出去，便會碰觸到實證法是什麼、是否能與道德切割思考這個疑問。換言之，如哈特所言，運用承認規則確認哪些規範屬於實證法，終究有其極限。不經由道德判斷，仍舊無法完全確認實證法的內容。

採取這個論點的代表性學者即為德沃金（Ronald Dworkin）。他雖然在哈特之後，繼任牛津大學法哲學的教職，但學說內容卻徹底批判了哈特的理論。

德沃金雖曾說過，哈特的承認規則根本不可能存在。但我們也不能全面接受這個批判。不論是英國、美國或日本的法律專家，對於認定什麼是國家典型的實證法，並不會特別覺得有什麼困難，例如確認哪些是法律或條例。以日本而言，國會依據憲法制定的法律，以及依據該法律制定的下位法令都是實證法，這已是常識。（有關這個論點，容後再述。）

德沃金論述的核心反倒在於，只靠這些誰都知道的、明確的實證法亦無法解決的法律問題比比皆是，所以為了解決這類法律問題，必須進行以實證法為素材的解釋工作。但即便是法律專家，對於何謂適切的解決，意見對立的情形也十分常見。關於這個問題，哈特認為提供答案的實證法並不存在，這是一種「法律欠缺」。但對於法院而言，這種問題卻仍必須給個答案。因此法院所給予的答案，便可說是從頭造法。法官雖受實證法的拘束，但並非完全動彈不得。對於實證法未予規定的問題，必須依自己的判斷，自行創造何謂具有適切且充分理由的答案。

相反地，德沃金則認為，無論面對多麼困難的問題，法官都可以而且有義務尋找、發現提供答案的法律。那麼該如何發現？縱使沒有直接明確給予答案的實證法，但相關的實證法卻不至於完全不存在。一定找得到間接相關的法律、其下位的法令及法院判例。法官應以這些實證法為材料，探究這些實證法背後共通的普遍性理由，並將這些實證法盡可能予以整合，以最可能被接受的方式，建構一套道德理論的根據。如果這套理論建構成功，便可以破解眼前的難題。由此可見，法官終究受到法的拘束，而非依據自己的判斷創造全新的法。

哈特與德沃金的對立，在法哲學領域被認為是極大的課題，包括日本法哲學者在內，許多人都加入了這場論爭。不過他們兩人間的立場究竟有多不同，不是法哲學專家的外行人實在很難理解。

德沃金所描繪的，面臨法律難題時法官所為的解釋工作，確實是法律專家遭遇法律難題時的典型作法，而且也是正確的作法。筆者受委託撰寫鑑定意見書時，也是循此方式找出答案。但是，即使進行解釋工作並得出結論，還是很難說法官究竟是否「完全受法的拘束」，或是「創造全新的法」。專家們之間的見解也極度對立。即使我們折衷地宣稱，「面對法律難題，法官不得不創造全新的法律；但同時卻也進行德沃金所說的解釋工作」，這場論爭依然無法有定論。

即便如此，還是會有人提出社會大眾咸信「法官僅僅依現行法律解決紛爭」的神話，所以法律專家們縱使認為「法律難題須依賴法官造法始能解決」是常識，但這種常識最好只有專家曉得，以免動搖一般社會大眾對裁判制度的信賴。在此情形下，德沃金有關「法官完全受到法律拘束」的論點，對法律專家而言比較適合拿來當擋箭牌。至於法院裁判的實際狀況何者才正確，則是另外一回事。

還有一個地方必須留意。德沃金所述解釋工作的方法，在以法官為主的法律專家解決法律難題之際，現實上所進行的方式確實相符。但以此方式得出的結論，在法律專家間亦難以認為必然一致。德沃金先前曾強烈主張「唯一正解」（right answer thesis）——亦即必能找出大家都贊成的答案——的命題，可是到了如今，也已不得不收回。如同第六章的說明，社會上充滿著無法比較、各式各樣的價值觀，實證法體系的內部亦然。只要牽涉到無法比較、互相對立的價值觀，就無法保證專家見解必然一致，當然也就不必然能發現「正確答案」，遑論一個「最廣為人群接受的道德根據」。只能說，在進行解釋工作時，法律專家或法官們，應該努力尋找專家們都同意的答案。

全都看解釋嗎？

德沃金另一方面亦主張，解釋工作除了解決法律難題時可以使用外，在適用明定的實證法、輕鬆得出任何人都接受的答案之際也同樣必要。依據他的論理，什麼是法，只有以存在於該社會的法律、命令及法院判例全部作為材料，盡可能予以整合，且以最能讓人接受的方式獲得道德理論的依據，才有可能判斷。簡言之，不只在解決法學論文中的複雜難題時使用，縱使是看似適用紅燈停、綠燈行這種單純的規則即可解決的問題，若人們不整合該社會所有的實證法，並建構出合理且最好的道德理論，便無法確實得到真正的答案。德沃金無法認同哈特所言，依承認規則得判別實證法的說法，其背景說到底便是如此。

坦白說，我很難接受德沃金這樣的理論。而這與「解釋」的定義也有關。當雖有法律規定，但依規定一般的意義要解決問題遇到困難時，尋求是否可能有其他理解方式時，解釋便有必要；但這必須以大部分情形都能「依規定的普通字義進行理解」為前提。可是，若規定的「普通字義」並不存在的時候怎麼辦？只要是條文，就全都有解釋的必要，解釋後得出的結論本身，因為也是文字，將會陷於有更進一步解釋的必要，而其結果又需要再進一步解釋。最後，必然陷入不斷解釋、卻永遠無法了解文義的無限循環困境。

換個說法，就是「解釋工作必須是一種例外性的工作」。大部分的情形若不能「依規定的一般意義進行理解」，人們之間就不可能溝通。因此，實證法是什麼？又命令了什麼？這些問題大部分還是得用哈特所言的承認規則去理解，否則法律便無法成立。德沃金上述極端的主張之所以令人難以接受，便是這個理由。讓我們回到日常生活想想看吧。我們在判斷是否要穿越馬路時，根本不可能將日本社會所有的實證法盡可能地整合，建構出合理且最好的道德理論之後，才判斷是否應該過馬路。這種要求對一般人而言既不合理，理論上也不可能。

德沃金的論述還有另一個問題——若法律的命令必須等待每個公民建構生活與社會結構等概括性的道德理論之後才能做判斷，那麼法律到底為何而存在？如同第一章的說明，法律扮演的角色應該是一種實踐性的權威，不需要每個公民自己判斷，只要遵從法律規定，便能採取原本當為的行動。法律正是因為這樣，才被認為是種權威。但如果必須由每個人各自確立行動與實踐的概括性道德理論才能理解法律命令，那法律還能算是權威嗎？

不過，德沃金可能會回答法律並非權威，也不應被認為是權威。他會勸告大家，該如何行動，不應依賴權威，而應由自己判斷。既然如此，為了判別法律是什麼而出現的承認規則，便毫無存在的意義。從這個立場以觀，他的理論也不是毫無道理。

問題是，若有許多人接受他的勸告，霍布斯或康德最害怕出現的事態恐將再現。所謂價值觀的不可比較性，在現實上究竟能被接受到什麼程度？德沃金、哈特或其忠實的承繼者拉茲等人之間的不同，就在接受程度的不同。

文獻解說

凱爾森對道德的特殊見解，和他採取徹底的價值相對主義有關。他認為，道德上何者為正確、何者為良善，不可能進行客觀的判斷。請參閱他的〈何謂正義〉，收錄於宮崎繁樹譯《漢斯・凱爾森著作集三：自然法論與法實證主義》（慈學社出版，二〇一〇年）。若照他的看法，所謂的「道德」不過是一個人主觀認為正確而採取特定行動的指標。

的確，何謂道德上正確，人們的見解經常對立。不過也不應因此極端地推導出「討論、檢討人們應如何行動及社會應如何組織毫無意義」的結論。凱爾森認為，道德問題的回答既不確實且不確定，故有必要擱置法律中的道德正當性問題，純粹記述法秩序的實存狀態，並從而設想出一套基本規範。不過對於社會為何需要法律，他認為人們完全無法進行理性討論，這一點又顯得過度悲觀。

拉茲認為，如果把考察人們的生活規範或社會組織的實踐性理由，當成「道德」問題，那麼法官亦非與道德完全分離。畢竟法官也是人，法律也是廣義道德的一部分。請參閱拉茲的 "Incorporation by Law"（*Between Authority and Interpretation*, Joseph Raz, Oxford University Press, 2009）。而在本文中作為實例，有關《日本國憲法》第七十六條第三項「法官的良心」的論戰，其實是一個古典的憲法問題。但過去爭論的焦點，大多偏重於對一種情況的畏懼：若法官個人的道德觀開始在裁判時發揮功能，很可能將法的世界帶進無法控制的不確實性及不安定性之中。可見過去的日本法學界，受到凱爾森價值相對主義的影響有多麼大。雖然，我並不確定參與論爭的人士是否真的意識到凱爾森的論點。

關於這個問題，過去的討論還有另一個特徵，便是將問題化約成「憲法是否允許法官從道德角度為考量」。若應遵從憲法為有理由，那麼應該是道德性的理由。但憲法也是法，是一種權威，與其讓人們各自判斷道德有效性的理由為何，倒不如遵從法律，較能獲得合理的結論。這種情形下，雖然此種提問方式並不算錯誤，但如後述，憲法在透過基本人權各條的規定解決案件之際，也要求應一併考量道德性的理由。憲法總不可能一方面明白要求考量道德，另一方面又全面禁止吧。

雖然很複雜，我還是要提醒各位：保障思想、良心自由的憲法第十九條所稱的「良心」，是指個人得以自由選擇的「良心」。畢竟若非如此，保障此「自由」便毫無意義。因此，第十九條的「良心」與第七十六條的「良心」，意義並不相同。第十九條的「良心」僅限於私領域，得依個人喜好自由選擇的「良心」。

另一個很麻煩的部分在於「道德」這個詞，有時也會用於「性道德——有些行為不能公開進行」或「勞動道德——不工作不應獲食」等，表示特定的生活領域中被世人普遍遵守的慣例。但此種意義下的道德，與本文說明的道德完全不同，遵守這類道德有時有理由，有時則無理由。

德沃金於一九八六年出版的主要著作*Law's Empire*（Havard University Press, 1968），小林公教授翻譯了日文版《法律帝國》（未來社出版，1995年）。順帶一提，本章開頭的題句為筆者自行翻譯，並非小林教授的譯文。

有關德沃金的法理論，尤其是與哈特的承認規則針鋒相對的法秩序論述，文獻相當多，此處可參閱拙著《無法比較的價值迷宮》第八章〈制定法之解釋與立法者意志〉（東京大學出版會出版，二〇〇〇年），及拙著《憲法的理性》第十五章〈法源、解釋、法命題〉（東京大學出版會出版，二〇〇六年）。筆者對於德沃金理論中「全部源自解釋」此一前提的批判，主要參考*Interpretation and Legal Theory*（Andrei Marmor, Hart, 2005）。就此前揭書中的章節中亦有說明。有趣的是，「全部源自解釋」此一命題，與當代唯實主義法學的承繼者，巴黎大學榮譽教授拓佩（Michel Troper）不謀而合。此部分也請參閱前揭拙著相關章節。

德沃金有關解決法律難題時的解釋工作之主張，拉茲認為也是造法方式之一。請參閱其著述〈權威、法律、道德〉（《法律權威》拉茲著，深田三德譯，勁草書房出版，一九九四年）。這篇論文亦指摘德沃金此一主張，與法律具有權威性質的說法無法並存。

對於德沃金指出，為解決法律問題，不僅應依承認規則找出可能認定的法律，更應探究其背後支持法秩序之正當性的道德原理的論述，也有人回應：只要從承認規則認定的「法」之中尋找即可。像是耶魯大學柯爾曼（Jules Coleman）教授的論

述 "Negative and Positive Positivism"（*Market, Morals and the Law*, Cambridge University Press, 1988）；哈特本人於一九九四年出版的《法律的概念》二版後記中，亦提到此種回應的可能性。不過拉茲仍舊批評道，既便如此，在判斷能以承認規則分辨的「法」為何之際，仍會被迫碰觸到何謂「道德上妥適的原理」此一問題，結果同樣會動搖法的實踐性權威角色（請參照前揭〈權威、法律、道德〉一文）。法律的存在意義，應在於縱不為此判斷，只要遵從法的誡命便能正確行事。所以這些回應，並無法反證法實證主義的正確性，而與遵從德沃金勸告的人們，背負著相同的十字架。

不過，拉茲與德沃金，或拉茲與柯爾曼立場上的差異，並非水火不容。如同前述，拉茲也承認，法官既然也是人，便有時也須訴諸法律外的實踐性理由以解決紛爭。我們沒有必要百分之百認同實證法至上的主張。這一點在本書最後一章還會探討。而且如同《美利堅合眾國憲法》或《日本國憲法》，憲法本身即要求於立法及裁判之際應考量基本人權。尊重個人、保障表現自由等等，要求的是議會或法院在決定何謂尊重（或不尊重）個人、何謂所有人均應受保障的表現自由時，應該做道德上的考量。拉茲也肯認這個觀點。但他同時主張，此與完全否認法律的權威是兩件事。我也認為的確如此。況且，若認為法官既然也是人，終究不能避免為道德上的考量，則區別從法律中得出的道德原理，與非從法律中得出的道德原理的意義便不大。此部分論述請見前揭"Incorporation by Law"一文。有關這個問題，本書最後一章還會再討論。

第九章 法律發揮其功能之應備條件

道可道，非常道。

——《老子》

法治

在上一章裡，我們已經討論了作為一般性實踐理由的道德與法律之間的關係。法律和道德並非毫無關聯，某種程度上，法律甚至可說是道德的一部分。法律的存在意義是什麼？與其說是要求每個人思考適合自己的道德，倒不如說是依循法律決定自己應採取的行動來得更有益。也因此，有別於作為一般性理由的道德，「法律是什麼？」這個問題，必須交由法律自行解決。

這個問題和「法治」概念下的幾個要素，有著相當深厚的關係。法治概念意義甚為分歧。有時作為一種理念，意指保障人權、實現民主等理想政治體制應有的要件。但像這樣過分明確定義法治，會使「法治」成為無法獨立討論的對象。因為如此一來，政治體制所謂的「善政」，幾乎都可以被法治概念涵攝。在此討論的「法治」概念比較廣泛，接近大部分的現代法哲學家或政治哲學家的標準用法，亦即，為使人遵守法律成為可能，法律所應具備的要件。

法治和人治是相對的。為了讓社會不是由特定人們恣意支配，而是依循由法律所支配，這裡的「法」就必須是人人都願意遵守的法律。為此，我認為法律應滿足的條件，有下列幾項。

首先是法律的公開性。只有政府官員知道法律是什麼（例如以拉丁文撰寫法律），而不讓一般民眾知道，則絕不可能讓一般民眾遵守法律。另外，法的內容必須明確。內容只有一句「請正確生活」的法條，無法讓人知道該如何正確生活。法律必須寫到如「不可無故傷害他人」或「行人應行走於道路右側」這種淺白易懂的程度。不過縱使條文夠明確，法的內容如果過於個人化，或過於依個別情況而鉅細靡遺地決定，卻不重視相互間的關聯，同樣無法運作。例如法律規定，在同一條路上開車，某甲應該開右邊，某乙應該開左邊，這樣任誰也無法安心開車。因為用路人無法預測對面開過來的車，究竟要走右邊還是走左邊。

另外，就算法律規定明確且內容具有普遍性，但若是朝令夕改，到昨天還能用的法律今天忽然改成其他內容，也不可能讓人民遵守法律生活。雖然法律必須依情況變化而修改，但仍然需要某種程度的安定性。此外，法律之間互不矛盾及衝突也很重要。若依據某項法律，開計程車無須獲得營業許可，卻在別的法律規定還是需要許可，便將導致國民無所適從，無法判斷究竟需不需要獲得許可。

法律在事前就要先制定好也很重要。因此對於以前做過的行為，卻以違反後來制定的法律為由予以處罰，便違反法治原則。對於立法前的行為，不可能用事後才制定的法律加以規制，這在法學界就是「事後法之禁止」及「溯及既往之禁止」的概念。

法治另有一個要求，即法律不得規定不可能實行的內容。縱使已經在事前很明確地公告周知，若是「只要政府要求，就必須在十分鐘以內趕到政府機關」這樣的內容，人民還是不可能遵守。

而縱使法律規定已經滿足上述要件，使用該法律的公務員也必須依據法律的規定來適用法律。因此，能夠控制法律被正確運用的法院，其角色便顯得相當重要。

如上所述，對於法律的公開性、明確性、普遍性、安定性、無矛盾性、不溯及性、實行可能性的要求，便是法治的要求。為使法治成為可能，上述的要件本身，即為普遍實踐理性的要求。而這些要求並不是制定了法律之後才出現的。

遵守法治的要求，保障人民得以預測政府行動的可能性，對於人民而言，也可以對於自己該如何行動做出合理的計畫。人往往是為了實現自己的幸福而計畫行動，依此其結果將會是，從整體社會的角度而言，將會有較多的人幸福地生活著。至少可以說，該社會已經具備這樣的生活條件。如同第五章所述，康德認為，法律扮演的角色在於，盡量兼顧道德判斷互相衝突的人們各自自由行動。這個法律功能唯有在遵守法治的要求下始有可能充分達成。

法與道德的必然關係？

法律之所以具備上述的條件，是法律作為獨立於一般道德之外的權威性角色所不可或缺的。如果人民無法理解法律到底要求什麼，或是縱使理解也不可能實行，當然不可能遵從法的要求，採取正確行動。

曾在哈佛大學教授法哲學的朗・富勒（Lon L. Fuller）教授因而主張，既然法律為了發揮其所以為法律的功能，必須具備上述條件，可見法律與道德有其必然的關聯性。

這也支持了他所提倡的自然法論。

彰顯法治的這些要求，乃是一般實踐理性之要求——當然，也未嘗不可視為道德上的要求。但這和「法的內容非道德不可」這樣的要求，又有加以區辨的必要。

縱使是違反道德、不人道的法律，例如迫害少數民族、將人送進集中營屠殺等惡法，也仍然必須遵守前一節所提到的法治諸要件，否則就不能發揮作為法律的功能。為使刀子彰顯其身為刀子的角色，必須有鋒利的刀；但鋒利的刀既可以用在烹調美食，亦可以用於強盜。因此，遵守法治諸要件，並不能保證法律的內容與道德相符。

同樣地，讓人民得以正確預測政府如何行使強制力，雖然符合法治原則，但也不會因此保證這種強制力的行使必然正確。這和被害人縱使能正確預知「每個星期一晚上九點，強盜們一定會準時過來搶奪金飾」，也並不表示強盜的行為正確，道理是相同的。

此外，法治與否，與該社會是否民主，基本上並無關聯。在英國殖民時代的香港，已經相當程度地實現了法治之要求，但民主並不存在於該地。但不論如何，採行讓一般人民能夠預測政府行動的體制，總比無法預測的體制要來得好。

法治的極限

法治是法秩序的其中一項要件，但也只是要件之一而已。為了滿足其他要件，而使得無法百分之百落實法治的情形也並不罕見。要求法具有明確性，讓人民能夠預測政府行動，這些確實都很重要。但是，現代民主國家的政府，往往被要求必須全方位照顧人民的生活，因此當政府行使具體權限之際，就有必要讓政府於一定範圍內擁有判斷的空間。如果期待政府能因應具體狀況，妥適照顧國民，法治原則便會被迫稍微退讓。人間萬事不可能百分之百盡如人意，法的世界也不例外。

又如第六章說明，在憲政主義體制下，憲法典本身也會要求國家行使立法權或司法權之際，應基於基本權利的保障，將法律之外的道德性需求納入考量。對於像是何謂眾人平等，或應該保障何種表現自由到什麼程度等等基本權保障的問題，有時候光靠法律是無法判斷的，所以憲政主義才要求應該在更普遍的實踐理性層次上進行判斷。

人們不會僅僅依循實證法的規定，就能正確行事。法律作為一種權威，其功能原本即有其極限。從而，遵守法治而能實現的成就，也一樣有其極限。這沒什麼不可思議。

柏拉圖與亞里斯多德認定的「法的極限」

柏拉圖及亞里斯多德早已指出：法治不可能百分之百實現，同時人們也不應該以百分之百實現法治作為目標。

柏拉圖在對話錄《政治家篇》中指出，深諳正確統治知識之人原本就屬極少數。因此，若現實中確實有熟諳正確統治知識的為政者，那麼他（或他們）便不需要使用法律進行統治（《政治家篇》，292-293）。這是因為，法律的力量原本即有其極限。換言之，窮盡一切對於眾人而言均為最理想、最適切的手段，找出最良善的方式，同時間對眾人下達命令——這是法律絕對辦不到的。人們本即各有不同，人世間的所有事物亦不可能完全相同，怎麼可能以法律這種單純不變的公式，提供所有人類、所有事物相同的答案呢？因此柏拉圖認為，法律和那些冥頑不靈的人們極為相似（《政治家篇》，294B）。

然而，我們並無法期待有什麼「實際具有正確知識之人」擔任統治者。尤其是由多數人統治的民主政體更是如此。柏拉圖說，他無法想像大多數人都能習得正確的統治知識（《政治家篇》，292E）。因此，為了避免這些不具正確知識的統治者淪為暴政，則交由大體而言通常都可以提供妥當答案的、規律的法律進行統治，就成了次佳方案。

關於法律的極限，柏拉圖的弟子亞里斯多德也有類似見解。

法雖具有普遍性，但事物總有例外，無法用正確方式進行一般性規定。所以，一般性規定雖有必要，但如果遇到不能以一般形態為正確規定的事物，法律通常的作法就是無視例外、採取符合較多數需求的選擇。儘管法律知道這樣的作法大有問題……。而且，縱使如此，法律也不會因此而不正確。因為錯誤並不存在於法律或立法者，而是存在於事物的本質。易言之，這是「個別行為」的本質問題。（《尼科馬可斯倫理學》，第五卷第十章）

原本，我們應該針對個別情事、個別行為，找出最好的答案。不過我們既無法期待所有人均具備這種能力，而且如果容許個別判斷，我們就得冒著當政者做出離譜錯誤判斷的危險。為了避開這個風險，次佳方案就是將「符合較多數的選擇」公式化並普遍適用。這也正是法律的任務。

法律就是權威。比起各自判斷何者最良善，不如遵從法律的規定，反而能得出較為良善的判斷。但是，法律也未必總是能得出最好的答案。因此柏拉圖及亞里斯多德所要表達的，便是「法律權威有其極限」。

文獻解說

關於本章所述的法治，請參閱拙著《無法比較的價值之迷宮》第十章〈何者非法治所能涵蓋〉（東京大學出版，二〇〇〇年）。該章中，筆者的論述受到拉茲 "The Rule of Law and its Virtue"（*The Authority of Law*, Joseph Raz, Oxford University Press, 2009）極大的影響。本書第二節有關朗・富勒的論述，請參閱*The Morality of Law*, rev. ed.（Lon L. Fuller, Yale University Press,1969）。富勒是當時自然法論的急先鋒，曾和哈特進行過極為激烈的論戰。

許多日本的憲法教科書，在解釋何謂法治的時候，總愛羅列一大堆理想政治體制應有的德目：人權保障、民主主義、權力分立等。但若以如此明確狹義的意義理解「法治」，那麼單獨檢視法治本身，便幾乎毫無意義。因為人權保障、民主主義或權力分立，每一個都是須要耗費心力去探討的問題。彙整這些之後，才是教科書所認為的法治。他們使用「法治」這個詞的前提，大概都先天真地假設「法治」是美好的，法治內容是彼此和諧不相衝突、可以百分之百實現的吧。

如本文中所述，我認為只有以有限意義的「法治」為討論對象，才具有學術生產性。而且，國外研究者也都依此為討論前提，如果沒有限定法治的定義，那麼與外國學者針對話交流之際，誤解恐怕難以避免。而以拉丁文書寫法律致使一般人民難以了解，是在貝加利亞（Cesare Beccaria）所著《犯罪與刑罰》（小谷真男譯，東京大學出版會出版，二〇一一年）第五章所舉的例。

提到法治，或許有人會聯想到十九世紀末，戴西（Albert Venn Dicey）主張的英國憲法三原則：（一）否定恣意的權力行使；（二）否定特別法院所適用及解釋的特別行政法；（三）英國憲法的內容並非一部憲法典，而係由議會制定法及判例法所構成。不過，戴西的論點縱使在他仍在世的當時，也已經被認為是怪異的理論而成為眾矢之的。有關此部分請見前揭拙文〈何者非法治所能涵蓋〉。

柏拉圖的《政治家篇》，收錄於岩波書店出版《柏拉圖全集第三卷》（水野有庸譯，一九七六年）。引用之處下方記載的數字及記號是斯特方（Henricus Stephanus）版《柏拉圖全集》的頁數及段落，日譯版亦將之置於文字欄外。《政治家篇》將政治體制依據統治者人數（一人、少數人或多數人）以及是否為善政，區分了六個種類（302），這個分類並為亞里斯多德的《政治學》繼受。有關亞里斯多德的分類，請見本書第十二章第一節。

亞里斯多德的《尼科馬可斯倫理學》（高田三郎譯，岩波文庫，一九七一年）。引用之處所載數字是貝克版（August Immanuel Bekker）全集的頁數，同樣置於日譯版的文字欄外。法治並非總能給予最好的答案。這和醫師開立處方箋是相同的，兩者都必須依據各個病患的病徵、體質或其他疾病等始能決定如何投藥，不能因為有某個症狀，就一定使用某種藥物。

亞里斯多德將永遠不變之真理的知識（episteme），與因時地的不同而有變化的實踐之判斷（phronesis），兩者做了區別。他認為，法律對於實踐性問題，僅能以一般形式為規定，但由於實踐判斷（因時地而變化）原本便無法以一般形式為規定，因此以事物的本質觀之，期待法律恆常提供正確答案，根本不可能。東方思想中與之相對應的格言，應該就是《老子》的開頭兩句話「道可道，非常道」吧。

第十章

法律與國家——何者優先？

當人民主張憲法為其起源，人民就必須經由憲法始能成為法律上的存在。因此，人民為憲法之起源此一主張只在政治上具有意義，於法學上則不可能。

——凱爾森《法與國家的一般理論》

無憲法即無國家

在本書的第一部中，我們談了這些問題：國家為何存在？人們為何締結這種約定，而願意服從國家的命令？服從國家命令是否有正當理由？簡言之，這些問題便是，國家是為了服務人民而存在的（唯其如此，才能賦予國家存在的正當性）。主張國家是權威而聽命於國家的理由，正在於與其讓每個人各自思考、判斷自己該如何行動，毋寧聽命於國家更能適切地採取正確行動。唯有制定這樣的法律，國家才有存在的正當性。相反地，若國家完全或幾乎無法達成這些任務，那麼這種國家就不是正當的國家，人民也沒有必要服從這種國家制定的法律。

這是從國家的任務角度，對於國家所做的說明。不過，法律既然是國家製造的產物（姑不論自然法的存在），則從法律的觀點，又該如何看待國家？

綜觀憲法教科書，一開始都會說明憲法的各種意義。最具代表性的，便是實質意義的憲法及形式意義的憲法。後者的說明很簡單，亦即被賦予「憲法」之名的法典，即為形式意義的憲法。例如日本有《日本國憲法》形式意義的憲法，美國也有《美利堅合眾國憲法》這部形式意義的憲法；英國則沒有形式意義的憲法。

德國的形式意義憲法稱為《基本法》（Grundgesetz）。二戰以後西德建國之際，原本設想未來德國統一之後再另外制定「憲法」，《基本法》只是一部暫時性的憲法，故並未稱其為「憲法」（Verfassung）。但於冷戰結束後德國統一時，德國立即面臨了許多建設新國家的難題（如新的德國是否需和曾與舊西德締結條約的所有國家重新締約等），因此以舊東德的各邦與既存的西德合併的形式讓兩德統一。結果，《基本法》目前仍然是德國憲法，未來大概也仍然如此。

相對地，說明實質意義的憲法比較複雜。大部分的教科書會說明，憲法是規定國家基本組織及權限分配的法律，因此只要是個國家，就一定會有憲法。重點是，為什麼只要是個國家，就一定有這種意義下的憲法。

國家是人民的約定，只存在於我們的心中，既看不到也摸不著。雖說富士山或利根川是日本的國土，但富士山或利根川本身也不過是大自然的山川，說是「日本的國土」，也是因為戴了這個說法的眼鏡看這些大自然的環境。同樣地，位於霞之關的中央政府辦公大樓，本身只是鋼筋和水泥塊；而日本國旗上的那輪紅日，也不過是在白布中間塗上紅色圓圈而已。

雖然只是存在於人民心中的約定，但國家和血肉之軀的人們一樣會行動。例如，與其他國家交涉、爭戰，沒收人民的財產，甚至與公司進行交易。

國家發動戰爭時，操縱轟炸機、發射飛彈的，都是血肉之軀。但這些人是以國家機關的身分行動。例如，當一名為麥特．戴蒙的士兵按下發射飛彈的按鈕，也不是麥特．戴蒙自己發射飛彈，而是美國這個國家發射飛彈。

相同地，稅務機關的公務員向我們徵收稅捐，也不是為了讓他個人積蓄增加，而是為了增加國家或地方自治團體的收入。至於他為什麼能向我們徵收稅捐？這是因為法律賦予他這個權限。再問為什麼法律可以賦予一個人這種權限？因為憲法授權國會制定此種法律並賦予這種權限。這便是他為何能以國家機關的身分徵收稅捐的理由。

這裡所稱的「憲法」，並不限於形式意義的憲法。沒有形式意義憲法的國家也會徵收稅捐，也會提供警察或消防等服務。國家為了能徵收稅捐，或提供警政服務，必須擁有具體個人所構成的「機關」，而這些機關的權限，最終都來自憲法。這便是實質意義的憲法。換言之，實質意義的憲法，係規定誰能以國家之名行動、行動時應經由何種程序、行動範圍又是如何等等的基本規則。如此一來，所有國家當然都存有實質意義的憲法，因為如果沒有這種意義的憲法，就等於沒有國家。

國家為法人

將前一節的論述換個說法，便是「國家是法人」。法人的典型是股份有限公司。銀行或商業公司等股份有限公司在這世上隨處可見。以瑞穗銀行為例，這間公司其實也只存在於一般人的心中，既看不到也摸不著。瑞穗銀行總行或分行的建築物本身只是鋼筋和水泥塊；瑞穗銀行的董事長或總裁本身，也只是有血肉的人類。但若透過一定程序，由被稱為瑞穗銀行董事長之人所締結的契約，就不是董事長個人，而是瑞穗銀行締結的契約。至於誰能用什麼樣的程序，才能代表瑞穗銀行行動，則規定在瑞穗銀行的「公司章程」當中。章程是規定瑞穗銀行這個法人的基本組織及權限分配的規則，等於是國家的實質意義憲法。

沒有章程，法人便不存在；同樣地，沒有實質意義的憲法，國家也不存在。

說到底，既然國家只是存在於我們心中的約定，因此有些人覺得不需要國家也不是不可以。事實上，無政府主義者（Anarchist）便認為，如果沒有國家，人們能過得比現在更幸福、更和平。第六章提及的馬克思就認為，總有一天人們將不再受國家這個約定所拘束，而且一樣能過著幸福和平的日子，因為「正義情況」已經消失。

相對地，主張國家這個約定有其必要的，則有霍布斯、洛克及康德等人。他們為何主張這個約定是必要的，第一部已經說明過了。

憲法制定權之存否

上述實質意義的憲法，究竟是誰主張「這就是憲法」並且將之制定出來的呢？日本國憲法的前言，一開始即有「日本國民，經由正當選舉之國會代表人為行動，……並確定這部憲法」的文字。文中的「這部憲法」，直接意義係指《日本國憲法》形式意義的憲法，但也被設定為實質意義憲法的各法典。（若非如此，就無法理解為什麼需要制定形式意義的憲法了。）因為從憲法前言可知，在憲法制定之前，「日本國民」便已存在，憲法是由他們確立的。用憲法學者的行話來講便是：擁有憲法制定權的日本國民，行使此等權力制定了名為「日本國憲法」的全新憲法，而新生日本即奠基於此而誕生。只是，這是真的嗎？可以全面接受這種說法嗎？

眾所周知現今的《日本國憲法》，是由麥克阿瑟將軍率領的同盟國駐日占領軍總司令部所起草。草案交給日本政府後，要求日本基於該草案製作憲法草案。日本政府聽命行事，依《麥克阿瑟草案》起草憲法草案後，送交帝國議會進行審查並表決通過，而成為現在的《日本國憲法》。從形式上而言，現在的憲法是「修訂」《大日本帝國憲法》而來的。憲法典前言裡描述的制定憲法的經過，只是美麗的神話，與實際情形迥異。不過這種充場面的情形舉世皆然，也不是《日本國憲法》獨有。

不過，真正的問題是：在憲法制定之前，「國民」是否真有可能存在？當然，被稱為日本人的人們確實住在本州、四國、九州、北海道等地生活，但這些人在憲法制定之前，是否有能力以「國民」的身分制定憲法呢？

這應該很困難。眾人的集合體欲以某種權利主體的身分行動，其法律上必須已經構成一個「法人」（這種法人稱為「社團法人」）。成為法人後，這些眾人的集團在法律上才可能進行某些行動。但這類法人，必須在實質意義的憲法（指內容與《日本國憲法》相對應的憲法）存在之後方可能存在。否則，便不知道誰能以這個法人中的機關名義行動。（亦即，這群人能否以法人名義作成統一的意思表示？）《日本國憲法》的前言雖謂國會係作為國民的機關而行動（用語為「代表」），但也難以說明，為何國會在憲法制定前也能作為國民的機關而行動。

換言之，縱使我們承認，《日本國憲法》是由「新生日本」這個法人所建構，而「新生日本」則是由日本國民組成。可是，能採取法律上行動的「日本國民」亦即「新生日本」，也應該要在《日本國憲法》制定之後才會存在。

同樣地，我們不得不認為，所謂在憲法制定以前便存在的憲法制定權，在法律上並無意義，而且這種想法也不會造成什麼樣的困擾。制定憲法時最重要的，就只不過是制定一部內容正當的憲法。為此，憲法的內容必須盡量不讓具有各種價值觀的眾人感到不公平。以第六章提到的術語而言便是，憲法必須遵循憲政主義的理念而訂定。至於為制定憲法召集特別議會審查草案，將完成的草案經由國民投票，獲得多數贊成等等作為憲法成立的條件，純粹是為了作成一部盡可能獲得多數人們贊同、且具有正當內容的憲法所採取的最適切方式。可是，這些只是為了制定一部內容妥適的憲法所使用的手段。因此，沒有必要使用「擁有憲法制定權的國民之意思表示是有必要的」等擬似法律用語來描述這些程序，而且如上所述，就算使用這種法律用語，道理也是說不通的。

其實，存在一個能夠發揮功能的憲法（實質意義的憲法）才是最重要的。否則，國家便不能達成提供國民服務這個任務。進一步而言，更希望目前這個功能正常的憲法，能回應不同國民的不同期待，而為一部公正的憲法。因此在制定憲法時，就應該讓有權者有直接表達意思的機會（國民投票）。總之，要求國民投票是為了制定內容妥適的憲法所使用的手段，而不是行使憲法制定權的表現。

所謂國民代表

提出法人這個近代法基本架構的是霍布斯。法人雖不是具有血肉身軀的人類，但具有「人格」（person）。霍布斯指出，「person」是從舞台劇的變裝、面具，亦即「persona」這個詞的概念而來。如同演員戴上面具、換上戲服展現演技，便成了該劇中的出場人物，當人們戴上面具裝扮成另一個人，就承繼了那個人的人格。

霍布斯將人格發揮功能的情形大致分為三類：第一，血肉之軀的人類行動。這時，一個人是以本人的意思行動。亦即，這個人雖然戴著面具，卻是自己的面具。第二，代理。代理人戴上本人的面具，因此代理人的行為亦被視為本人的行為。第三，需要有人代表非人類的某些事物。所謂非人類的事物，既可能是無法運用理性的兒童或瘋子，也可能是教會、慈善機構或橋梁之類的無生物。一個多人集團以「法人」（社團法人）的身分行動，即為第三種情形。為使法人得以活動，而且必須存在其活動的前提，亦即法人作成統一意思表示，就必須有血肉之軀的人類戴上法人此一面具為行動，或為意思表示。這便是法人的機關（《巨靈》第十六章，第三到十頁）。

而被稱為「國民」的集團，以國家等同法人的身分行動時，該機關經常被稱為「代表」。《日本國憲法》第四十三條第一項之規定：「兩議院由全體國民所選舉，代表全體國民之議員組織之。」即為其例。有一說將本條規定理解為「國會議員並非為自己選區的利益，而是以實現全體國民利益而於國會活動」，而從法學的觀點，則可以理解為國會議員係作為全體國民等同法人的機關而為行動。

市面上的憲法教科書有關這個規定的說明，大多均認為條文中所稱的「代表」並非「法律意義上的代表」，而是「政治意義上的代表」。原因在於，雖稱為「代表」，但國會議員並不受其選舉母體，亦即選區居民意思的拘束始能行動。如果國會議員必須受到選舉母體指令拘束，則稱為「命令委任」，但《日本國憲法》並不承認「命令委任」，故此處之「代表」並非法律意義上的代表。

這種解釋實在相當不可思議。典型的「法律意義上的代表」——學過民法的讀者應該都知道——例如代表未成年人的監護人，或是代表股份公司等法人的機關。在這種情形裡，監護人或機關不會受到本人，也就是未成年人或法人的意思所拘束。而毋寧由於本人是未成年人，沒有意思表示能力；法人只是存在於一群人心中的約定，無法為意思表示，因此「法律意義上的代表」便代替本人為意思表示。

「國民代表」的情形也相同。「全體國民」是眾人的集合體，本身並沒有意思表示的能力，故需要議會代表全體國民的意思為決定。至於議會雖亦由多數人構成，但對於應經由何種程序始能為統一的意思表示（最典型的方式是多數決），事先已經規定了，所以運作並無問題。換言之，無論是《日本國憲法》第四十三條，或其他國家的議會所宣稱的「議會或議員為『代表』」，都應該解釋為「法律意義上的代表」。

宮澤俊義的「國民代表的概念」

接下來便發生另一個疑問：為何市面上的憲法教科書（指日本憲法教科書）會認為國民代表只是政治意義上的代表？最早提出此說法的是憲法學者宮澤俊義（筆者的憲法

學教授是蘆部信喜教授，而宮澤教授為蘆部教授的老師）。他提出此說，目的在批判自己的老師美濃部達吉教授。他指出，所謂「在《大日本帝國憲法》之下，帝國議會為國民代表」，沒有法律意義，而只具有政治意義。

美濃部主張帝國議會為國民代表之原因在於，在明治憲法下，日本這個國家是由日本國民所組成的社團法人，而帝國議會為其機關。換句話說，議會便是國民的代表，而且是法律意義上的代表。他並主張天皇同樣是由國民組成的國家之機關（一般稱為「天皇機關說」），因此被一群法學理論門外漢的國粹主義者所攻擊。不過從剛才的說明可知，美濃部的觀點其實一點也不怪異。

對此，宮澤舉出兩位學者的論述，指摘美濃部的觀點不正確。首先是活躍於俾斯麥時代的德意志第二帝國公法學者拉邦特（Paul Laband）。拉邦特指出，德意志第二帝國的帝國議會，議員雖然是由國民選舉產生，但在法律意義上並非國民的代表。因此當時的德國憲法第二十九條規定帝國議會為「全體國民之代表」，僅為「政治意義上的代表」。現在日本通說認為國會議員是政治意義上的國民代表，便是由此而來。

至於拉邦特為何如此主張，其實有其脈絡可循。在拉邦特的觀察中，德意志帝國並非由數千萬的德意志國民構成的法人，而是由二十多個邦構成的聯邦國家。換言之，政治權力原本就不在國民身上，而是由各邦擁有（而且多數的邦都有國王），德意志帝國是各邦將部分權限釋放出來，集中後所成立。因此，德意志帝國並非以國民為法律主體，法律主體為德意志帝國，而且是由二十多個邦構成的法人。縱使憲法規定帝國議會代表全體國民，在法律上也毫無意義，因為國民原本就不可能是應該被代表的主體。

那麼，拉邦特的主張是否可以直接適用於二戰前後日本憲法？這實在非常可疑。日本自古以來便非聯邦國家，因此採取「日本這個國家是由國民構成的社團法人」的立場，完全合乎法理。因此，美濃部的主張，在法學上才正確。

凱爾森的民主政治觀

宮澤引述的另一位學者是凱爾森。應該說，比起拉邦特，宮澤更重視凱爾森的觀點。凱爾森認為，只有在議會的議員與選舉母體間的關係為命令委任關係時，方能稱為「真正的代表」。

為了確立真正的代表關係，僅由被代表人任命或選舉代表人並不夠充分。必須課予代表人執行被代表人意思的法律義務，並就該義務之履行賦予法律上的保障。最典型的保障為，當被代表人認為代表人的行動不符合自己的期待時，得罷免代表人（《法與國家的一般理論》，第四三五頁）。

自凱爾森的立場以觀，在法國大革命之後最早制定的法國一七九一年憲法，因為禁止對立法議會議員之命令委任，所以只是虛假的代表，而非真正的代表。

議會成員並非選舉人們的代表，而是全體人民，或是某些學者所言之國家整體之代表。議會成員既不受選舉人任何指令之拘束，而且這些選舉人也無法罷免他們。因此這種選舉方式，是一種政治上的擬制（fiction）（《法與國家的一般理論》，第四三六頁）。

當然，從這個見解仍然可以定義「代表」。只有在命令委任的情形才是「真正的代表」；而無視選舉母體，主張代表全體國民的意思或利益者，則是政治上的擬制。不過，這種見解必須立足於一個特殊的前提。用凱爾森的說法便是「議會不可能將全體國民的利益反映於國政上」。因為凱爾森認為，「真正的全體國民的共同利益」並不存在。

凱爾森採取的是徹底的價值相對主義。「全體國民的利益」究竟是什麼？這根本不可能進行客觀判斷。實際存在的利益，只有特定職業、特定身分、特定利益團體所欲實現的各自的利益。客觀的正義、公益判斷標準實際上並不存在，縱使有人鼓吹其存在，也只是一種意識形態，是為實現特定利益團體之利益，而偽裝成全體利益的宣傳手法。依凱爾森所言，民主政治便是以各種對立的利益主張為前提，謀求利益團體相互間的共存與妥協。

若真如此，人們所能期待最好的狀況，便是卸下「各利益團體的主張乃為實現全體國民利益」的假面具，顯露出真實姿態，將各種利益團體為實現各自的目標而相互爭鬥的實情公開，同時，以盡可能實際上滿足多數人的利益要求為政治目標。

因此，國會議員不該再假惺惺地大談促進全體國民之福祉，而應該老老實實地去實現選舉母體的利益。而民主政治既然是由多數決方式做出結論，國會議員就該不斷地協商、妥協，變成國會的多數派，以求盡可能實現自己人的利益。民主政治不過就是這樣，既不更高尚，也不下流。

宮澤也繼受了凱爾森的價值相對主義及其民主政治觀點。他之所以批判美濃部的國民代表論，說到底，便是因為價值相對主義及其必然衍生的民主政治觀點，與「議會乃由實現全體國民利益的議員所構成」的觀點，兩者互不相容之故。

不過這種民主政治的觀點，既非唯一的觀點，也很難被大多數人接受。只能說是基於特殊前提所形成的、特殊的民主政治觀點。下一章我們將談到何謂民主政治。

文獻解說

憲法教科書很多，最暢銷的應該是筆者的憲法老師蘆部信喜所著《憲法》第五版（高橋和之補訂，岩波書店，二〇一一年）。有關憲法意義之說明，請見該書第四到五頁，「全體國民之代表」部分請見二八二到二八三頁。

也許有讀者認為，第一節中的說明和凱爾森的說明方式類似，其實，和哈特提出的架構，也並沒有太大的不同。只是凱爾森的說明是以基本規範為前提，認為憲法典是國家的最高規範，故必須遵從，否則國家即無行動之可能（換言之，才能把各種人們的行為視為國家行為之）。而哈特的架構則認為問題在於，能夠分配權限給各種國家機關的「實質意義的憲法」究竟是什麼（是誰，以何種程序，訂出的規則可以當成認定法律的基準）？而實質意義的憲法內容，又是由以法官為主的公務員在實務上的慣例所決定。實質意義的憲法與形式意義的憲法之規定，雖然經常有許多重疊之處（至少正常的國家如此），但至於是否確實如此，則是事實問題。這兩位有關這部分的說明雖然只在細節處相異，但專家的毛病，就是特別講究細節。

憲法制定權的概念，是蘆部信喜教授傾全力研究的議題之一，研究成果彙整於他的著作《憲法制定權力》（東京大學出版會，一九八三年）。

筆者的立場，則如本章說明。我認為憲法制定權這個概念，在憲法學中並不特別具有意義。請見拙文〈我們日本國民，係藉由國會中的代表者而行動，並進而確定這部憲法〉（《憲法的境界》，羽鳥書店出版，二〇〇九年）。

新憲法中，雖有憲法前言宣稱具國民意志，但事實上未必如此。例如法國第五共和憲法。一九五八年五月，當時正在爭取獨立的阿爾及利亞，發生連軍隊都參與的叛亂行動。法國為了維護「法國的阿爾及利亞」，先設立公安委員會，並讓唯一能掌握軍隊解決問題的人——戴高樂將軍——就任首相。不過，讓戴高樂就任的條件，便是必須制定新憲法，確立以總統制為核心、強而有力的行政機關。這部新憲法草案，確實以公民投票的方式獲得有權人的贊同，卻是因為當時情勢緊急，殖民地發生獨立戰爭，軍隊亦有發動政變的危險，法國人只能依賴戴高樂將軍。不過，會制定一部全新的憲法，通常都是因為有緊急狀態。

霍布斯的法人理論，請見本書第二章的文獻解說。第二章提到，由多數人組成的團體的機關，亦有可能是該團體所有成員組成的總會，但縱使是會員總會，也必須預先訂出一套程序（例如過半數以上出席，出席者以多數決決定）始能為意思決定。單單「許多人聚集」的狀態，無法將這些人集合成統一的意思表示，自亦無法以法人之名行動。

想了解法人、機關、代表等概念在政治領域如何形成及發展的最新知識的讀者，請參考*Representation*（Monica Brito Vieira and David Runciman, Policy, 2008），其內容淺顯易懂。

宮澤俊義所撰批評美濃部達吉的文章題為〈國民代表的概念〉，收錄於其論文集《憲法的原理》（岩波書店，一九六七年）。此論文原本發表於一九三四年八月發行的美濃部達吉六秩祝賀論文集《公法學諸問題》（有斐閣出版）。一九三四年是發生「瀧川事件」——鳩山一郎文部大臣要求京都大學教授瀧川幸辰辭職的隔年[1]，也是因學說遭受激烈批判，被認為有違國體，導致美濃部辭任貴族院議員的「天皇機關說

1 當時的京都帝國大學法學部瀧川幸辰教授之刑法學說被認為具有共產主義色彩，並導致數位法官及書記官被認為是日本共產黨員而遭逮捕。此被稱之「司法官赤化事件」。文部省受到貴族院議員的壓力，其首長鳩山一郎以瀧川著作中對於通姦罪只適用於妻子的批判不當，要求京都帝國大學校長罷免瀧川。校長雖拒絕，但文部省仍以「文官分限令」將瀧川停職。此事件造成京大法學部三十一位教授全體提出辭呈表示抗議，最後其中十八位被准予辭職，包括瀧川本人均轉往立命館大學任教。此事件對於京大法學部於二戰後的重建有極大的影響，亦促成了以立命館大學為首，關西圈其他大學法學部的發展。

事件」[2]的前一年。在那樣的時代背景之下，宮澤批判美濃部的學說在科學上難以成立。因為帝國議會，至少貴族院並非由國民選舉產生，且包括眾議院在內，兩院均不受國民訓令之拘束。而美濃部卻未見及此。因此，我認為議會為國民法律上的代表者此一論點，完全沒有任何實證法上的根據（《憲法的原理》）。所謂「不科學」，說到底是因為日本議員並非宮澤所認為的「真正的代表」，亦即完全受選民指令的拘束這種「代表」。但如本章說明，這是一種以非常特殊的民主政治觀點為前提的學說。

宮澤指出，提出議會為國民代表此一概念「在法科學上無法成立」的功勞應屬拉邦特，他譯為「法科學」，德文原文是「Rechtswissenschaft」。宮澤本身認為，所謂「法科學」或「法律科學」，是指能正確認識現實的法律的作業。法科學的任務在於，讓「標榜與現實一致，實際上卻與不符現實、甚至矇蔽事實的意識型態」現出原形（《憲法的原理》）。

但拉邦特對於「Rechtswissenschaft」這個字，卻並未提出如上的看法。拉邦特認為這個字是指，在現有的實證法秩序下，基於個別觀念構成普遍性的法原理，再從普遍性原理導出具體結論的解釋工作。雖然也有學者認為拉邦特是「法實證主義者」，但從他有關法解釋任務的見解，或從他的實務進行觀察，可以發現他的研究取徑與第八章德沃金提倡的法解釋理論非常相似。

有關宮澤對於美濃部的批判之立足點為何，其與拉邦特或凱爾森的論述有何關係，請見拙文〈全體國民的代表〉（《Interactive憲法》，有斐閣出版，二〇〇六年）。凱爾森及宮澤論述的前提，即特殊的民主政治觀點，有人稱為利益團體民主主義或政治多元主義。為了避免誤解，必須說明的是，此處所謂「多元主義」，與憲政主義的前提——即價值觀、世界觀的多元性——在意義上及層次上均完全不同。由於憲政主義的立場，是認為讓各式各樣具有不同價值觀及世界觀的人們均能公平地共存於一個社會，才是正當正確的。而這與價值相對主義是完全對立的。因為價值相對主義根本就認為，沒有人知道、也沒有人可以判斷什麼是「正確」。

2 大正到昭和初年間，「天皇機關說」是國家公認的憲法學說，但隨著軍部勢力的抬頭，一九三五年，軍部與右派團體逼使內閣發出「國體明徵聲明」，批判天皇機關說，宣稱天皇是統治權的主體，日本為由天皇統治的國家。美濃部達吉為此辭任貴族院議員，但於辭職之際所發表的聲明卻再度激怒軍部與右派團體並發出第二次國體明徵聲明。隔年，美濃部遭受反對天皇機關說的激進右派份子攻擊身負重傷。

第三部

民主立法好在哪裡？

第十一章

為何採多數決？

能夠合理導出多數決原理的根據，不過是基於若眾人都自由是不可能的，那便應該盡可能讓多數人們自由。換句話說，也就是使社會秩序的普遍意志與自我意志的相互矛盾減到最低。

——凱爾森〈民主制度的本質與價值〉

由人民統治人民

第三部將談到民主政治。民主政治或民主主義，英文為「democracy」，概念源於希臘文，指由人民（demos）所為的統治（demokratia）。因被統治者為人民，故應由人民自己統治自己，此即為民主政治。

但由人民自己統治的意義是什麼？這卻不是那麼簡單可以回答的問題。若所有人意見都一致也就罷了，但這種情況非常罕見。實際上若能達成全體人民意見一致，也不用特別研究討論。該如何統治？大家對於此問題意見時常相左。那麼所謂人民自己統治，實際上不就是多數人統治少數人而已嗎？

有一種答案認為，所謂統治者為「人民」，實際上並不光是每個個人的集結，而是指具有統一的意思表示並付諸行動、作為法人的「人民」。由於政治統治通常以國家為單位，因此也可以稱為「國民」。

所謂法人既然僅是在心中抽象的存在，國民便需要有代為行使意思、決定及行動的機關，亦即「代表」。在典型的民主政治下，首先設定該由全體人民集會並為意思決定的直接民主制。而這裡的全民集會——「人民」之機關、代表——事實上也還是法人。身為機關，為作成統一的意思表示，首先必須規定某種程序，以備意見分歧之際仍能得出結論。一般而言，即多數決。只要是全體人民以多數決決定「民意」而施政，便是「人民」統治人民。

看到這裡，各位是否覺得好像有點受騙的感覺？畢竟，如果說，只要由一個法人身分的「人民」統治，就可以算是民主政治，那其實根本沒有必要召開全民集會。依照這個邏輯，不要說以選舉方式選出代表組成議會做決定當然是民主制度；就算身為法人機關的君王單獨決策，也可能被認定是「民主政治」。如前章所見的美濃部達吉，就主張天皇也是國民的機關。從法學理論的角度而言固然是如此，但從一般人的直覺想法，天皇決定一切怎麼可能是民主政治？貴族院的成員又不是選舉出來的，稱他們為「國民代表」不是很怪嗎？宮澤的這些指摘，其實是順著一般人對於國民主權和民主政治的常識而來。

依照一般人對於民主政治的常識，比起世襲的君主獨斷獨行，還不如由全體人民集會以多數決做決定。就算受限於國家規模過大等因素，不可能召開全體人民集會，那麼讓人民選出的議會以多數決決定的方式，也才稱得上是民主政治，也才更具正當性。本章將說明一般人這種感覺背後的理由為何，基本上理由大致可分為兩種。

對每個人意見的尊重

第一個理由如下。關於政治，人們的意見分歧。例如稅捐與社會福利的關係，（一）有人認為自己的生活自己照顧，所以稅捐應盡可能減少；（二）也有人認為，縱使現在生活安定，也無法保證未來如何，因此稅課得高一點，讓政府更充實年金或醫療服務制度比較好。到底哪種政策才是正確的，不僅判斷困難，且判斷的標準該如何界定也不明確。會因個人處境和所從事行業不同，而有不同的意見。出生於富裕家庭、擁有財產的人，會希望稅課少一點。而生來體弱多病的人，則會希望國家多負擔一些費用，充實醫療服務。

雖然意見分歧，對於這個議題還是需要有個全國統一的決定，總不能只讓希望少課稅的人課較少的稅。而該怎麼做，多數決是其中一種方法。認為選第一種政策比較幸福的人，和認為選第二種政策比較幸福的人哪一邊較多，只要在全體人民集會進行多數決便可得知。想法單純點便是，實施能讓較多人幸福的政策，會比實施只能讓較少人幸福的政策來得好。從主張社會幸福的最大化才是道德唯一指標的邊沁的觀點來看，以多數決來實施獲勝的政策，應該可以得到最大的社會幸福才是。

嚴格而言，縱使政策二的支持者比政策一的支持者多，但若實施政策二比實施政策一造成更多人的不幸，那麼實施以多數決獲勝的政策二，反而可能會降低社會最大多數的幸福。

不過，幸福的量化有其極限（縱使問某人他有多麼幸福，我們也不知道回答者說的是否是實話）。縱使可以正確量化，在決策之際，也沒有任何明確的證據顯示，只能尊重對某個政策有強烈意見的人們。但這麼做，完全違反民主政治的基本原則，亦即應平等對待每個人的意見。

上一章所提凱爾森（以及受其影響的宮澤俊義）的民主政治觀點，也可以從上述的思路來理解。畢竟他是個價值相對主義者，不會把邊沁之流的功利主義視為一個正確的前提。他應該會認為，因為我們不可能知道什麼是絕對正確的，所以，最好盡可能尊重每個人的意見之後再做出結論。換句話說，就是應該採取單純多數決。

乍看之下，得出全體一致的結論，似乎是最尊重每個人意見的作法。但若要求全體一致決，是不是只要一個人反對，就能推翻大部分人的意見？縱使是三分之二的特別多數決，也只要略微超過三分之一的少數派意見，就能推翻多數人的意見。所以結論是，單純多數決才是盡可能尊重到每個人意見的決定程序。

從這個觀點出發，若國家規模過大而無法召開全民集會，則必須以議會決定政策。議會成員便應該忠實服從選出母體，即選區的選舉人之決定，也就是說採用命令委任的方式才是當然之理。凱爾森之所以主張命令委任的民主政治才是真正的民主政治，背景便在於此。

議會選舉與公民投票

不過，若採取命令委任制，則議員選舉和全國人民直接投票，也未必能夠得到同樣的結果。簡單說吧，假設全體國民共八十一人，以九人為一組分成九個選區，各選區只要確保五位人民的多數，便能選出自己支持的議員。計算下來，為確保九位國會議員獲得五票的多數，只要全國共二十五位的選舉人團結即可。另一方面，為獲得全民投票過半數的贊成，則需要四十一位團結的選舉人。因此，命令委任不一定能代替全民公投。

這種選舉結果與人民意志有出入的情況，在主打政策公約型選舉的時候風險更高。現在我們舉個例子，觀察上圖中結衣、真央、樹里三人對於A、B、C三個政策的態度。

	A	B	C	計（A+B+C）
結衣	+3	-1	-1	+1
真央	-1	+3	-1	+1
數里	-1	-1	+3	+1

將各政策分別進行公民投票，每個政策都會以二比一被否決掉（例如贊成政策A的只有結衣）。但如將三個政策結合成為政策公約，由於三個人都給予+1的分數，故能獲得全體贊成。換言之，

原本每個利益團體都只強烈偏好某個別政策。但為了勝選，必須將這些政策全部集結，做成包裹型的政策公約才能更有利於吸引不同利益集團支持，也就更有利於選戰（假設結衣、真央和樹里各代表特定的利益團體）。因為大部分的利益團體只會在特定議題上有強烈的主張，其他多數爭點則不會持強烈的意見。但勝選後，移往個別政策的實踐階段，該個別政策便有可能是多數人所反對的。如果再考量，僅僅由少數選舉人支持，卻能獲得議會過半數席次的可能性（即多數意見不會被真正反應的機率）就更大了。

確實有政治家認為當選後，必須履行公約中的所有政策。但是，忠實履行政策公約，是否真的就能保障社會整體利益？恐怕沒那麼單純。政治世界反正是種無法去除偽善的世界，那麼認為上述可以實現社會整體利益的主張，只是在偽善上更添偽善而已。

多數決作為尋求正確答案的手段

為何採行多數決，還有另一個理由，那便是盧梭的主張。有關此點已在本書第四章第三節中說明。亦即，何謂社會的共同利益，是可以有正確結論的，盧梭稱為「普遍意志」。若結論是經過公民集會審慎研究，且相互不組織派系，全部出自於各人意志進行投票，最終得到的結果——也就是普遍意志——這便有很高的機率獲致正確的結論。

第四章也提到康多塞準則，亦即，欲藉由公民多數決獲得正確答案，須有幾個前提要件。除了公民相互不組織派系，以及公民並非以自己或同夥的利益，而是以社會整體利益為目標進行審議及參加表決等當然要件外，全體公民對於兩個選擇中，能做出正確選擇的能力，其機率也必須超過二分之一（如低於二分之一，則當參加者愈多，以多數決獲致正確答案的機率也愈趨近於零）。

這種條件，即可能成為否定各選區對於議會議員的命令委任之依據。從剛才的論述看來，當國家規模太大，必須召開議會取代全民集會時，在各選區選舉議員的選舉人，並非選擇僅為實現自己選區利益的議員，而應選擇能適切實現國家共同利益的議員。既然要選舉議員，就應該選出更能妥適體現全體國民普遍意志之人。

如果是這樣，那麼議會的議員應該比一般公民更具備實現普遍意志的能力。而能力較高的議員其發言或表決，卻必須聽從能力較低的地方選舉人之指示，豈非本末倒置？是故國會議員應擺脫以私利為主的地方或支援團體的壓力，而以實現國家整體利益為從政目標。

讀到這裡，可能有人覺得這種思考完全菁英導向，是很荒謬的論述。不過這個論述其實也是法院擁有違憲立法審查權的理論根據。例如對於少數種族、宗教的偏見在社會上蔓延時，可能會立法對他們進行不當的差別待遇。而此時如果大多數人抱持偏見，那麼參與民主政治過程的人愈多，產生不當立法的機率便愈高。為了解決這種問題，方法之一便是任命不受偏見左右的人為憲法法院法官，以判斷某個依多數決制定的法律是否有不當歧視。

法院進行裁判時，如果法官意見分歧，也是以多數決做出結論。但此處的多數決，並非為了多數法官的幸福，或是為使法院整體幸福最大化而為的多數決，而是為達成正確結論的手段。此時，縱使社會的多數意見持有偏見，憲法法院的法官亦不見得需要贊同持有偏見的多數決。相同地，議會議員亦應跳脫選區選民的考量，而以實現國家整體利益為目標問政。

有一點我們必須要很小心。主政者較一般人民更了解什麼才是對人民最好的這個前提，很有可能將獨裁體制正當化。冷戰時期的華沙公約各國，便是依此論點將所謂「人民民主主義」的獨裁體制正當化。不過，儘管如此，民主政治的體制，是否應該完全忽視以正確答案存在為前提的這個論點？其實不然。《日本國憲法》第四十三條第一項規定，國會議員代表全體國民，第五十一條則規定「於議院所行之演說、討論或表決，於議院外毋須負責」。如前章說明，這個規定的目的就在禁止命令委任。雖然從凱爾森的觀點看是荒謬無稽的論點，但凱爾森學說也未必就能完全自圓其說。

雖然如此，期待國會議員脫離特殊利害關係，理性地審議及判斷全體國民的共同利益，在現代的民主政治裡，也未免太過於理想主義。依據康多塞準則獲得正確答案，是以參加表決者不受所屬黨派的影響為前提；但現在的國會議員在發言或表決時受到所屬黨派嚴格的拘束，已經是個常識。在過去選舉人僅限於有「教養與財產」的少數市民的時代，地方望族可以憑著自己的財力和學養當選議員。既然是憑自己實力當選，自然可以自由發言及投票。但大眾參與政治的現代民主政治，想當選國會議員，只能加入擁有特定政策綱領（manifesto）並有組織宣傳力，且可以有效集結選票及資金的政黨，並成為其中一員。既是如此，在議會的行動必須受到所屬政黨的控制也是理所當然。是故，對於議員獨立審議並以多數決獲得正確答案的機率，便無法期望太高。

如何防止多數決的錯誤

如第四節的說明，如果多數決是獲得正確答案的手段，那麼我們就會產生一個疑問：一般人民及其代表，以多數決獲得正確答案的能力是否真的那麼高？我們無法否定人民以及多數決得出錯誤結論的可能性，即使以第二節凱爾森的觀點驗證亦然。比方說，既有可能用多數決破壞多數決（就像納粹德國的誕生過程，便是依照多數決轉換成獨裁），而且縱使不這麼極端，多數決也可能制定出某些制度阻礙民眾判斷自己是否幸福所需的資訊流通。

防範這種問題發生的方式之一，就是權力分立。例如，設置上一節提到的違憲審查制度，用以推翻多數決程序做出阻礙、破壞自我功能的決定。第一次世界大戰期間，凱爾森所參與制定的《奧地利共和國憲法》，即規定設置憲法法院，並且由他親自擔任法官。從多數決是獲得正確答案的手段為立場來看，當社會上大多數人抱持偏見的可能性提高時，不以民主政治通常的程序，而以法院裁判程序預先排除多數人的偏見，應該妥當得多。

另外一個著名的對應方式就是依賴中間團體（亦即處於政府及人民之間的團體）。提出這個意見的典型思想家為托克維爾（Alexis de Tocqueville）。他是法國貴族，於一八三一年起到一八三二年，拜訪當時仍屬罕見的民主國家——美國——並將其觀察及考察的結果寫成兩卷的《美國的民主》。他在該書末提到了民主國家轉變成為專制國家的危險性。

想像一下，如果這個世界上會產生專制，那麼專制發生的背景特徵是什麼？我眼前所浮現的，是許許多多相似且平等的人，對於自己微小且庸俗的快樂充滿幻想，因為希望獲得這種快樂而不眠不休奔波忙碌的光景。任何人都躲在自己的世界裡，不和其他人的命運有任何瓜葛，對他們而言，只有自己的孩子和特別的朋友是人類的全部，其他同胞或公民，雖然確實在自己身邊，但對他們卻視而不見。縱使與其他人接觸，也感受不到其存在。只為了自己而存在，縱使還在乎家族，也不會在乎祖國。（《美國的民主》，第二卷第四部第六章）

托克維爾的預測是，大眾失去對社會共同利益的關切，只想著自己、家族及極少數朋友的利益。但在大眾頭上，卻聳立著一個巨大的監護性權力，能保障他們的享樂、能照顧他們的生活。這個權力是絕對的，行事一絲不苟面面俱到，而且相當溫和穩健。況且，這種權力在民主政治下，是由人民自己所選擇的。這種狀態至少能讓他們安心一點，只要監護人是自己選的，人人都會心甘情願接受其監護。既然控制枷鎖的，既非一個個人，亦非一個階級，而是人民自己，所以人民都樂得被枷鎖束縛。托克維爾簡直像是正確預測到現代福利國家下的社會狀況。

法國傳統的自由主義思潮認為，能與強力的中央政府對抗的勢力，便是身為中間階級的貴族階級。孟德斯鳩的觀察認為，貴族也並非以社會普遍利益為實現目標。貴族只想保持自己與自己所屬貴族階級的名譽。但這種看起來純粹利己的思想及行動，令人意想不到的，反而守護了一般人民的自由不受中央政府壓抑，成了可以對付專制政治的防波堤。

托克維爾認為，在他的時代的民主國家，貴族階級已不可能再興起；但中間團體，也就是社會上的各種結社，則成了替代方案。

我堅信這個世界已經不可能重構貴族制度。但如果一般公民結成團體，且是具有強大影響力的存在，一言以蔽之，便能構成貴族般的人格。

如此一來，便可以避免貴族制造成的不義與危險，也能獲得全體最大的政治利益。對於政治性結社、工商業結社，甚至知識與文藝結社，任何權威都不能隨心所欲要求其服從，也無法私底下壓制。他們是具有知識及力量的公民，這些結社擁護自我權利，拒絕權力的宰制，因此能拯救公民共同的自由。

即使是這種結社，想守護的也是自己的權利和利益。但是，這些結社活動的結果，亦能守護住一般公民「共同的自由」。托克維爾對這種結社所舉的典型例子就是報社，以現代用語便是指大眾媒體。對於媒體拚死守護自己的特殊權益（即表現自由）雖然時常遭受批判，但托克維爾的見解則認為，媒體擁護自己的權利或利益本身並不是問題

（守護自己的權利，不論是個人或團體都是當然之事，媒體並非特例），重點在於對於一般社會大眾，或是對於防止政府專制之危險，能發揮多少效果。假如媒體能透過表現自由，使其報導或評論對實現公益發揮貢獻，市民也會給予支持，而能持續經營下去。

另外，又如上一節最後所述，任由議員們審議並且以多數決決策，是否能獲得與社會共同利益相關的正確認知，實在頗有疑問。那麼針對每個特定論點，由政府機關支援各界專家組成「審議會」，集思廣益前後一貫地力求實現國家利益的作法，也值得嘗試（審議會裡若意見對立，仍採多數決）。當然，官僚體系最重視的，是自己的利益。主張政府官員應該由大公無私的人們擔任，不但只是烏托邦式的理想，也不可能在這個世界實現。但是，為了保護特定私利而不惜損害社會整體利益的制度，是不可能長期運作的。政府官僚都是聰明人，不會不懂這一點。又縱使是特定團體出身的審議會委員，由於進行的是公開審議，也無法太明目張膽地保護自己的團體或業界的特殊利益。畢竟，這麼做只會讓自己發言的影響力降低。

民主社會裡其實很容易產生對菁英及特權團體的攻擊性言行。雖然這種攻擊並非毫無理由，但在人民不見得有能力及精力了解整體社會長期利益的情形下，打倒這些菁英及特權團體，只讓地位及能力上均等的人類做決策，此作法值得商榷。或許有人認為，在托克維爾描述的穩健型監護權力下，只要能過安穩的生活也沒什麼不好。但如此一來，便等於選出一群政客，連財源在哪裡都還不曉得，卻隨便打包票一定照顧選民，結果把所有帳單丟給我們或我們的子孫。

若能如上所述，經由各種制度上的限制及與對抗勢力的交涉，再由國家立法，那麼要求我們認同其權威的法律，就比較難被批評是依據特定人的想法而制定的，而是在各式各樣人們的議論及角力過程中，合眾人之力制定的法律。

文獻解說

縱使在盧梭《社會契約論》中的直接民主國家，國家也是法人，而全民集會為其機關。直接民主與代議民主經常被當成對照組，但如果全民集會也是法人，即「人民」之代表，那麼直接民主與代議民主就不再是對立的概念，直接民主也是代議民主的一個類型。

凱爾森的民主政治理論，請參閱其論文〈民主制度的本質及價值〉（長尾龍一譯，收錄於凱爾森著《論民主》，上原行雄等譯，木鐸社出版，一九七七年）。本章開頭的題詞從其所譯。又卡爾・許密特（Carl Schmitt）對於議會制民主主義的批判（許密特指出，不能期待以政黨為主角的現代民主政治），能夠透過議會自由審議及表決獲得達成公益的正確答案。此與凱爾森論述之相較的整理，請見拙著《憲法的理性》第十二章〈論民主主義及其敵人〉（東京大學出版會出版，二〇〇六年）。

第二節有關多數決所扮演角色的說明，可參考華爾準（Jeremy Waldron）提出的「政治環境」（circumstances of politics）公式（Jeremy Waldron, *Law and Disagreement*, Clarendon Press, 1999, pp. 101-103）。他指出，政治決策所需要者，雖是社會整體統一的決定，但該做什麼決定會有意見對立的狀況；用極為簡單的圖表表現，便如圖所示。

假設可能的政策選擇有1與2，意見大致分為兩類：A與B，集團A希望1，集團B希望2，但兩個集團都認為，與其繼續對立而不尋求解決，不如趕快做決定。兩個政策都沒有哪個比較正確的問題，總之要為整個社會做成一個統一的決定。

	B1	B2
A1	2,1	0,0
A2	0,0	1,2

上圖在賽局理論被稱為「情侶吵架」。A與B是情侶，A希望兩人一起去看橄欖球賽，B希望兩人一起去看談情說愛的電影。但比起兩人分別去看球賽和電影，還是兩個人選擇其中一種去看來得更好。

雖然吵架，最終又非和好不可，這種情形與社會的決定是相類似的。

依據某個民意調查，二〇〇九年大選中民主黨能勝選的最重要原因在於對於該黨政策公約的期待者，不論是在全部選民，或是投給民主黨的選民中，其實只有一成（〈評政權輪替的背景及選舉結果〉，加藤元宣／藤岡隆史，刊於ＮＨＫ放送文化研究所《播送研究及調查》，二〇〇九年十一月號）。「能從政治世界排除及放逐偽善的主張，只不過是在偽善上更添偽善而已」的論述，請見*Political Hypocrisy*（David Runciman, Princeton University Press, 2008），尤其是第二章。特別是在該偽善很可能導出「必須遵守不可能實現的約定」的結論時更是如此。畢竟「約定」與「法律」相同，在大部分情況下，遵守要比不遵守更能做出正確的行動，因此才應遵守。當然，不遵守較好的情況也存在。

有關盧梭對於社會共同利益的正確答案，亦即獲得普遍意志的手段為多數決此一想法，以及支持其理論根據的康多塞準則，請見本書第四章文獻解說。盧梭只是認為全民集會是決定人民意志的程序，至於議會的審議、決定也只是其代替品，並未設想議會成員對普遍意志具有較高認識的能力。他在〈波蘭政府論〉中主張，應將議員任期縮短，導入命令委任的架構，以抑制議會的權限。

有關一般公民對於政治是否具有豐富知識此一問題，有調查結果顯示為否定。根據*Deliberation Day*（Bruce Ackerman and James Fishkin, Yale University Press, 2004）第五到七頁的資料，縱使在東西冷戰最嚴重的時候中，有關蘇聯是否為北大西洋公約組織成員、西柏林是否位於東德等問題，超過半數的美國人民都無法正確回答；近年對於英國人詢問英國憲法是否已成文化的民意調查中，有四分之一回答是成文憲法，四分之一回答是不成文憲法，剩下的一半均回答不知道。

托克維爾的《美國的民主》，已經有松本禮二教授所譯的傑出版本，於二〇〇五年及二〇〇八年由岩波文庫出版，本文即從其翻譯。托克維爾描述的專制社會，可與尼采《查拉圖斯特拉如是說》（手塚富雄譯，中公文庫出版，一九七三年）第二十三頁以下所述「末人」（最後的人）的世界，亦即「最可輕蔑的人的時代」相呼應。在末人的世界，僅有一群牲畜。所有人都希望平等，也都平等。他們是聰明的，知道一切發生的事情。因此，他們不斷地互相譏訕著。他們偶爾爭執，但立刻言歸於好，唯恐損傷了自己的胃。他們晝間有他們的小快樂，夜裡亦是如此：但是他們最重視的還是健康。聽到查拉圖斯特拉這番話的群眾歡呼：「把我們做成末人罷！我們把超人還給你！」對尼采而言，民主主義不只是政治機構的墮落形態，也是人類的墮落形態。近代人類價值的萎縮與退化，讓人類完全牲畜化，甚至毫無疑問會成為具有平等的權利及請求權的小型野獸（《善惡的彼岸》，尼采，木場深定譯，岩波文庫出版，一九七〇年）。如本書第四章第三節介紹，盧梭亦認為民主政治標準的樣態，是個別人民只尋求個別利益的社會。

關於從孟德斯鳩到托克維爾的法國自由主義思潮，請見拙著〈孟德斯鳩與托克維爾〉（《法學教室三五八號》，二〇一〇年七月號）。有關托克維爾著重中間團體結社所扮演的角色之民主政治觀，樋口陽一教授已整理成「托克維爾：國型」民主政治觀，見其《近代國民國家的憲法構造》（東京大學出版會出版，一九九四年），請特別參照第二章。

孟德斯鳩以提倡三權分立原理而著名。但根據他的理論，為了守護自由而採用三權分立原理的英國，已經太過自由，因此他無法將英國憲法推薦給其他國家使用。其實英國是因為已經全面廢止原本可以守護人民自由的中間團體，尤其是貴族的特權，所以不得不採用三權分立這種人為架構以守護自由。有關此點亦請參閱拙著〈孟德斯鳩與托克維爾〉一文。

第十二章 從過往的民主政治學習

我不相信蘇格拉底能與人民對話。

——史特勞斯

多數人的判斷是較好的判斷——亞里斯多德

現今我們都把民主政治視為理所當然的政治體制，但回顧人類歷史，民主政治卻不見得都能獲得好評。在此讓我們回顧歷史，或許能找出施行民主政治之際應該留意的地方。

亞里斯多德說過一句有名的格言：「人類是天生的政治（polis）動物。」（出自《政治學》，1235a，又句中的「polis」日文原為「國家」，也就是城邦國家。）與社會契約論者的主張不同，他並不認為國家是人類為解決自然狀態下的困難，經過縝密計畫後建立，而是人類天性如此。依據他的見解，國家不可徒具形式，真正的國家，其目的在於德性的發揮，亦即善的生活（《政治學》，1280b）。讓人們都能擁有善的生活，實現真正的自我，才是國家存在的目的，絕非以相互禁止不正當行為、交換物品等為目的的共同體。

若果如其然，問題便在於民主政治是不是一種讓人們擁有善的生活的政治體制。關於這點，亞里斯多德的回答是否定的。不過我們必須注意，他對於民主政治，亦即「demos」的統治，其定義還滿獨特的。

亞里斯多德認為政治體制共有六種類型（2×3＝6）。前面的二是統治者重視全體社會的公共利益，以及統治者僅在乎自身利益兩種類型；後面的三是依據統治者的人數，分為單獨一人、少數人及多數人三種類型，排列組合之下便有六種。

統治者如為單人且著重在公共利益，即為君主政治。如為少數人，且重視公共利益，即為貴族政治；至於多數人且重視公共利益的體制，很奇妙地，他稱為「憲法」（politeia）——多數人依憲法制度致力於公共利益的體制。而作為負面對照組的也有三種：統治者僅重視自身利益者，如為單獨一人，則稱為獨裁政治；少數人為寡頭政治；而多數人則為民主政治（《政治學》，1279b）。亦即，亞里斯多德認為，民主政治是貧窮且愚蠢的多數人，為實現只屬於自己的特殊利益而統治國家的體制。相對地，若是富人為獲取只屬於自己利益的體制，為寡頭政治。這些體制當然都不可能帶給所有人良善的生活，但他也承認，統治者為多數人且著重於公共利益的制度仍然可能存在。因此，現代人的民主政治和亞里斯多德批判的民主政治，不能直接畫上等號。

事實上，亞里斯多德亦提到了民主政治的優點。他指出，全體人民比起少數秀逸之士，更可能做出正確的結論：

所謂多數人，雖然其中每個人都不是什麼了不起的人物，但將大家集結，不問每個人，視所有人為集團，便可能比少數優秀的人還要優秀。這和大家各自帶著不同菜色一同分享的喜宴，會比只有一個人掏錢準備的晚餐要來得豐富，道理是相同的。多數人裡的每個人，都擁有一部分優點或實踐智慧，因此將大家集結起來，在某種程度上便彷彿成了一個具有多手多足、多種感覺的個人，不論是性格或思慮也都成為一個完整的個人。是故，對於音樂或詩歌，多數人會比一個人更能欣賞。因為，其中一人理解某部分，其他的人理解其他部分，相加乘的結果，便是這群人能全面理解（詩歌）所有的美好。（《政治學》，11281a-b）

這便是「多數人的智慧」（wisdom of the multitude），亦即具有各種知識或經驗的人如能集體彙整意見，會比其中最優秀的個人，找到更傑出的見解。當然，若是幾何學或航海學等專門領域，還是該傾聽專家的經驗知識。但他還是認為，每個個人，雖然不如具有特別知識的菁英，但只要人民尚未完全墮落，作為一個整體，便有能力做出與菁英同等甚至更好的判斷。可見他對於多數人的判斷能力其實相當具有信心。

亞里斯多德和我們的不同在於：大眾對於何謂善的生活、善的生存方式，能否客觀認識？既然國家是實現大眾良善生存方式的機制，那麼「善的生存方式」之判斷標準，在該國生活的人們之間就應該有共識。國民間共有的「最低限度的善的生活方式」標準或許存在，例如健康、不缺食物或住居、成年人不會失業等等。但是，國民之間是否能共有比這些更上位的，諸如「實現自我」的指標呢？古希臘的城邦國家和我們之間的差異即在於此。

如本書第六章之說明，我們生存在宗教改革後的世界，所有人對於何謂善的生活方式，何謂讓自己的本性完整展露、實現自我的生活方式等等，有著徹底不同且多樣的想法。時至今日，除了像梵蒂岡這種非常特別的國家，一般國家已經不可能壟斷善的生活的標準了。

果真如此，那麼國家所扮演的角色，不如說是建構並維持「以禁止相互間不正當行為、交換物品等為目的」的社會秩序（當然不限於這些），至於對於「善的生活方式」的追求，則應委由各人自由選擇。

大眾無法判斷——柏拉圖

柏拉圖對於民主政治的敵意十分明顯。由於將他的老師蘇格拉底裁判處以死刑的雅典，採行的正是民主政治，因此他對於民主政治抱持敵意也是無可厚非。

他曾以輕蔑的口吻說過：「大眾只會在國民議會、法庭、劇場、自家陣營或其他公開舉行的集會中，一邊坐著、喧嘩著，一邊對於所見所聞大加讚揚或批評。」（《理想國》，492B）對他而言，多數人對於何謂善、何謂美麗，只會做出令人笑掉大牙的判斷（《理想國》，493D），大眾根本不可能理解美或事物本身的存在（《理想國》，494A）。

不過這也不是說「少數比多數更適合擔任統治者」。國家的任務既然是帶領人們進入真善美的境界，則只有能理解真善美的人，才能扮演好統治者的角色。因此柏拉圖認為，只要不是哲學家成為一國之君統治國家，或是現今被稱為君王或權力者的人們，沒有真正且充分地鑽研哲學，那麼理想的政治體制便不可能實現（《理想國》，437D; cf.

499B-C）。

因此，民主政治距離理想的政治體制其實還差得太遠。畢竟身為統治者的大眾，不可能都是哲學家，因為學習哲學之人不可能避免來自大眾的非難（《理想國》，496A）。

不過，究竟柏拉圖實際上認為民主政治是什麼樣的政治體制，而且從我們身為現代人的角度去看，他的想法是不是難以接受的政治體制？這個問題並不簡單。柏拉圖認為，在民主政治中，人們是自由的，且這個國家乃由自由所統治，言論自由無所不在，人們可以無所不談，並放任人們依照自己的想法行事（《理想國》，557B）。在這種體制下，會出現比其他國家更多樣化的人們（《理想國》，557C），「縱使你具有充分的統治能力，也沒有人會強制你一定得擔任統治者，而且只要你沒有意願，也沒有人會強制你必須接受統治。又縱使其他人正在爭鬥，你也不需要被迫作戰；甚至縱使其他人和平地過日子，只要你不希望和平，也不需要強迫自己過和平的生活。」（《理想國》，557E）

由此可知，柏拉圖所設想的民主政治，並非單純只是政治制度的結構，而是更廣義的，包括人們的生活方式、生活態度。柏拉圖認為此種生活方式，在短暫的人生當下，是無可比擬的快意生活。但在這種政治體制下，其實人類會被無意義的欲望所支配，追求不必要的快樂，捨棄學問、美好工作或真實言論，反而被虛幻不實的言論或思慮所迷惑，把自由誤認為不受控制、浪費當成慷慨、無恥當成勇敢而生活（《理想國》，558-561）。結果，反而會產生一個完全不適合孕育所有人均擁有善的生活方式的國家。

不過，上述這種國家與柏拉圖所描述的理想國——將十歲以上的國民全部放逐出國、將孩子與父母隔絕不由父母教養、連妻女都必須共有的徹底的共產主義體制——相較之下，會認為前者比較糟糕的人應該不太多吧。當然啦，這或許是因為我們早已墮落到萬劫不復，是該被輕視的膚淺大眾使然。

文獻解說

亞里斯多德的《政治學》有幾個日譯本，筆者經常使用的是牛田德子的譯本（京都大學學術出版會出版，二〇〇一年）。引用之處所標示的數字，是貝克版全集的頁數。有關「多數人的智慧」，在《立法的尊嚴》（Jeremy Waldron著，長谷部恭男等人譯，岩波書店出版，二〇〇三年）第五章〈亞里斯多德的多數人理論〉中有簡單明瞭的解說。這部分的引述直接引用華爾準著作的譯本。亞里斯多德對於政治體制的分類受到柏拉圖的影響，請見本書第九章的文獻解說。另外說明「多數人的智慧」時提到的比喻，亞里斯多德是以喜宴為例，不過對生活在現代的我們而言，維基百科可能是更直接了當的例子。

柏拉圖的《理想國》也有數個日譯本，筆者手邊所使用的是一九七九年藤澤令夫譯的岩波文庫版本，本文引述亦從其翻譯。在柏拉圖的對話錄中，柏拉圖本人並未登場，《理想國》中的主角是蘇格拉底，而且柏拉圖書中所描寫的蘇格拉底處處語帶譏諷，到底哪些是真心話則不得而知。

柏拉圖及亞里斯多德那個時代的雅典，人們或許還有著良善生存方式的共識。從本書序章的文獻解說中提到的社群主義就認為，社會成員必須共有此觀念，而且依靠這個觀念為生，這樣人的生存才有意義。不過，就算在柏拉圖或亞里斯多德的時代，也很難說這種觀念受到所有人的尊重。蘇格拉底就是因為被控攻擊人們尊重的社會共識而被處以死刑。可見哲學對於良善生活理念的追求，很可能會瓦解社會成員對於善的生活的共識。

政治哲學者麥金泰爾（Alasdair Chalmers MacIntyre）曾經提到，縱使是柏拉圖時代的雅典，市民們所認知的「德」，亦即有關善的生存方式，也沒有牢不可破的共識，反而各持己見互有摩擦。柏拉圖早期的對話錄中，假藉蘇格拉底之口所指摘者，不只是每個對話人之間見解互異，主要是說明：雅典市民所謂「善的生存方式的共識」這個觀念本身，事實上就伏下了分裂的種子。請見其著《德性之後》第十一章〈古雅典的諸道德〉（篠崎榮譯，美鈴書房出版，一九九三年）。

史特勞斯則認為，柏拉圖在《理想國》中並沒有讓蘇格拉底認真地說出究竟理想國是什麼。柏拉圖真正想表達的是，包括哲學家皇帝在內，書中所描述的烏托邦，是多麼違反自然，多麼不可能存在。原本渴望真理、專注探求知識的哲學家，怎麼可能從政呢？因此，只好強制哲學家從政。這樣的強制，只有在說服人們接受哲學家的統治之後才有可能。不過，人民都很討厭哲學家，幾乎不可能被說服，而且哲學家本身也不可能特別為此遊說人民。《理想國》中蘇格拉底說：「若真的是個有為的統治者，則不應是統治者請求被統治者接受其統治。」史特勞斯這段有關柏拉圖的解釋，請見拙著《憲法的境界》第五章〈學問的自由與責任——史特勞斯關於『書寫技巧』備忘錄〉（羽鳥書店出版，二〇〇九年）。

本章開頭的題詞，摘於史特勞斯於一九五七年四月二十二日寫給其友人科耶夫

（Alexandre Kojève）的私人信件。

以雅典的民主政治為素材探討現代民主政治最典型的是芬利（Moses I. Finley）所著《古典民主原論》（柴田平三郎譯，講談社學術文庫出版，二〇〇七年）。另亦推薦伊藤貞夫著《古典時期雅典之政治及社會》（東京大學會出版會出版，一九八二年）。有關亞里斯多德、柏拉圖以後西歐民主思想的歷史，*Democracy*（Ross Harrison, Routledge, 1993）及 *Setting the People Free: The Story of Demacracy*（John Dunn, Atlantic Books, 2005）兩本書均有綜合性概觀。筆者本身亦寫過非常簡單的概要，請參拙著《憲法是什麼》（岩波新書出版，二〇〇六年）第三章〈憲政主義及民主主義〉。該處亦曾言及，直至十九世紀末前，除了極少數的例子以外，民主都是負面性的象徵。縱使是托克維爾筆下的美國屬於民主政治，但其實美國建國之父們認為建立他們建立的是共和制。麥迪遜（James Madison，美國第四任總統）就認為，小型社會所實施的直接民主政治不適用美國，因為無法匡正黨派對立所帶來的弊害，所以他提議建立具有代表議會及權力分立的大型聯邦共和國。請見《聯邦論》第十篇及第五十一篇（齋藤真、中野勝郎譯，岩波文庫出版，一九九九年）。

終章
有遵從法律的義務嗎？

對於國家制定法律的統治者，人民無從進行合法的抵抗。

——康德《道德底形上學》

蘇格拉底為何接受了死刑判決？

最後想探討，我們是否有遵從法的義務。不過在此要先提醒各位的是，此處所說的「義務」並非法律上的義務。因為既然用法律做出種種規定，那麼這個立法行為本身就預設了人們理所當然依法行事的義務。

有遵從法律的義務（有人稱為「遵法義務」），意思是說，既然國家以法律之名做出規範，那麼被規範的對象本就應該有遵從法律的道德義務。當然，有時候依照個別法律的內容，也會出現照著做似乎不太正確，或者沒道理遵守這種法律的情況。但即使如此，只要法律有規定，人們即有遵守的義務——這就是遵法義務。

這麼一來，我們必然會直覺反應，不可能對於漫無邊際的要求均有服從的義務。大部分的法哲學家也這麼認為。有些國家就是會規定出一些怪法，像是歧視少數民族或女性未獲得丈夫或父親的許可不得外出等。但若要問，是否因為制定了法律就得一律遵守？相信一般都會認為並非如此，至少對於明顯荒唐且毫無道理的法律，便沒有遵從的理由——探討是否有遵法義務，首先應該從這個結論出發。

對於這個常識持反對意見的，是蘇格拉底。在雅典民主政體與斯巴達的戰爭及遠征西西里等接連失利、城內極度混亂的西元前三九九年，他因為犯了不信奉國家所承認的諸神，企圖引進新神祇的罪愆，並且腐化年輕人等理由，被判處死刑。

所謂哲學，目的便是挑戰、甚至推翻人世間的常識以及社會的通念。人們事事遵從這些社會常識與道德習慣，就像呼吸空氣一般地理所當然。蘇格拉底卻攻擊這些社會共識及習慣的有效性，當然會引起人們的反感。前一章也說過，「學哲學的人被大眾討厭是無可避免之事」（《理想國》，494A）。更何況，在公私不分的古希臘，該信奉哪個神祇，並非任由每個人選擇，而是與國家基礎息息相關的問題。

而且，如果柏拉圖忠實地描繪他老師本人，那麼他筆下的這位蘇格拉底就是個相當好戲謔的人，往往以獨特的對話方式嘲諷大人物們。這不但加深世人對他的反感，甚至在人民裁判他有罪的時候，他還在庭上要求：如果要「罰」我，國家就應該在迎賓館招待我吃大餐（譯者注：這原本是一種榮譽）。怪不得絕大多數的群眾要高聲大喊判他死刑了。

雖然如此，畢竟時空背景是當時的希臘，就算受到死刑判決，也不一定非死不可。連蘇格拉底本身也說過，人們縱使被判處死刑或流放刑，還是可以佇立在街上，公然到處亂逛（《理想國》，558A）。也許他舉的例子相當極端，但總之只要肯逃命，是一定可以逃過死刑的。然而，蘇格拉底卻選擇了服毒而死。

蘇格拉底迎接死亡的過程載於對話錄《斐多篇》，而他接受死刑判決的理由則載於《克里托篇》。《克里托篇》記載，蘇格拉底身為雅典市民，在雅典法律之下誕生成長（對市民而言，國家即雙親），成年後雖可選擇移居他國，卻仍選擇留在雅典，可見蘇格拉底已經同意遵守「無論如何都要遵從雅典國法」的約定（即對於社會契約的默示同意）。這就是他接受死刑判決的原因。但我相信，大家都能了解為什麼筆者認為這種說法邏輯上毫無說服力。就算是父母的指示都不一定必須全盤接受了。僅僅因為長住在同一個國家，該國制定的法律不論多邪惡就都必須遵守嗎？這真是豈有此理了。

政治哲學者史特勞斯解釋，其實連蘇格拉底自己都不相信這個理由，只是杜撰出這個藉口給好朋友克里托，好讓克里托被人責問為什麼不救蘇格拉底一命的時候，有個遁辭而已。蘇格拉底在最後補充的理由才是他的真正意思：自己已經上了年紀，亡命生涯對自己不見得比較好（不過關於此點，蘇格拉底並未徵求克里托的同意）。

為什麼法律規定「禁止殺人」

除了一看就知道毫無道理的法律無須遵從外，其他的情形又如何？看起來很有道理遵守的法律，通常都是尊重憲政主義或法治理念，大致上能符合正義的國家所制定，這時候就應該遵從法律。

當然，綜合各方面的考量，結論或許仍然可能覺得自己沒有遵從該法律的理由。舉例而言，為了防止流行病蔓延，法律提出零歲嬰兒都必須接種某種疫苗之義務。可是，有的父母知道自己的孩子是特殊體質，接種該疫苗後會留下嚴重的後遺症，但因立法不夠完備，並未規定這種情形不須接種疫苗。這時候，縱使有法律規定，制度本身的目的也夠正當，也不能迫使自己的孩子接種疫苗吧。

不過法律命令大家接種，「原則上」是有理由的。但因為存在一個足以推翻該命令的相對理由——孩子若接種將引起重大的後遺症，因此不應接種——而且由於此理由更為有力，所以結論而言，便是不應接種。

若是大致上符合正義的國家，遵從法律都會有個「原則上」的理由——雖然就結論而言，否定該理由是可能的。但這能認為是妥當的結論嗎？

法哲學家拉茲認為，在這種情形，不能以一般常識做出結論，必須往更具體層面進行檢討。他首先指出，像是不可殺人、不可性侵等當然應遵從的道德觀制定於法律中的情形，就無須另行論述是否有遵從法律的義務。

遵法義務之所以引起爭議，並非在於法律所命令的內容如何，而是依此法律行動是否有理由。不可殺人、不可性侵等，一開始就有理由服從。因此同樣的內容制定於法律中，確實也就有「服從和法律規定內容相同事物的理由」，但卻不能說有「遵從法律之理由」。因此談遵法義務，其實是多餘的。

換種方式說明。法律當然會主張應該遵從法律，因為法律是權威。為什麼是權威呢，因為比起讓每個人自行判斷，還不如遵從法之命令，更能讓人們的行為正確。但不可殺人、不可性侵等，原本就是自己該採取的正確行為，無須法律規定。因此是否有遵從法律的義務，就不須特別討論。

或許有人會提出異議，認為話雖如此，這世上並非都是能辨別是非的人，當中也有殺人犯或性侵犯，所以有必要區別遵法義務和道德。確實，原本即應處罰這些不辨是非的人。若不如此，會如同霍布斯所指出的，如果放任壞人自私自利無所不至，那還有誰願意遵從道德當個好人呢。

不過，這種情形下的法律，以及國家提供的服務，仍然不是作為權威的法律或服務。我再說一遍，原本每個人就應採取某種行動的理由，不會因為法律的出現產生變化。因此遵從法律，也不會讓人們的行為變得更正確。哲學家諾齊克（Robert Nozick）於其所著《無政府、國家與烏托邦》一書中描述了一個假設：取締違反（法律出現之前的）道德的人，亦即道德上的殺人犯或性侵犯，並科以刑罰，理論上是可以透過契約交由民營團體去執行的。不只是郵政或鐵路交通業務，就算是監獄的經營及警政服務民營化——且不問是否真的比較有效率——其實都是可能的。

法律的權威無法適用於殺人犯或性侵犯，正因為他們無法理性判斷如何正確行事才會「犯罪」。對於這種人，就有必要給予「刑罰」，讓他們知道無視道德的利己行為，只會對自己不利。法律施加強制力，並非給予人們行為的理由，而是為了改變其動機。道德能給予人們普遍性的實踐理由，但法律不同。「僅因法律的命令便該照做」是否合理呢？答案應該是否定的。

窮究國家的能力

可是，由國家提供的警政、刑事裁判或監獄經營等服務，真的完全不會使得人們的行為理由發生任何變化嗎？倒也不全然如此。這些服務，在多數社會都是由政府依法辦理，如此才能提供公正且有效率的服務。為此，政府必須向全體人民課稅作為經營成本。至於誰該負擔多少成本方為妥適，雖然可能有各種考量，但一般人都會認為，願意和其他大多數人承擔相同的成本，當然條件是他人也應該負擔跟我一樣的成本。這就是第一章提到的，政府權威來源時所說明的協調問題。

若確實如此，國民便有新的理由協助具有協調能力的政府活動，而這個理由與前面提到的實踐理由，層次並不相同。當政府尚未介入協調人們的活動以前，人們只認為，如果他人都負擔一部分的成本，我也願意負擔我自己的部分（如果他人不負擔，我也不負擔）；但是當政府開始經營一種制度，強制眾人必須分攤成本，而且對違反者科處罰則（不會成為壞人的犧牲品），此時國民便有遵從規定的理由。因為這樣才能讓警政、司法或科刑等服務公正且有效率。

同樣的情形也能廣泛適用到解決協調問題的法制度。不過，這仍然不能簡單地歸結為，政府只要主張「我們是為了解決協調問題」，就一定成為人們必須遵從該法制度的理由（即便是原則上的理由亦然）。畢竟，政府所提出的解決架構，也不見得總是成效卓著。

所以，仍有必要依據個別法律及個案情形考量是否有遵從的理由。道路交通規則是解決協調問題的典型例子。但在視線良好的直線道路，在視界所見範圍內都看不到任何車子靠近的時候，縱使眼前的路口為紅燈，是否仍有理由堅持不穿越馬路呢？我個人認為沒有（若被警察發現而受責備，筆者不負責）。

另外，第一章也曾提過，政府權威的另一個泉源，便是當政府較一般人民具有更卓越的知識的時候。例如，發射電波的機器如何使用，或是核電廠發生事故或海嘯來襲時，該如何採取行動等等，政府一般都會聽取專家意見後做出決定。因此政府較一般市民具有更正確且有效知識的情形確實不少。

儘管如此，「政府的知識較民眾卓越」仍然不是自明之理。以前面所舉要求零歲嬰兒接種疫苗為例，知道自己孩子具有特殊體質的父母，可能是對此問題具有專門知識的醫學專家，而且父母對孩子體質的了解，遠比政府的審議會委員豐富。既然政府的權威、法律權威源自於完備的知識，那麼就有必要依個別法律、個案情形判斷政府的知識是否正確。而且，就如第九章第四節的說明，縱使有適切的知識為後盾，但由於法律是一般性規定，所以在具體個案中，法律適用仍可能有削足適履的情況發生。這是我們必須留意的。

為了支持正確政府而遵法

不過這麼一來，也許會出現以下的各種疑問：若答案只能依個案而定，那麼政府或法律的權威豈非變得很不穩定？這種結論會不會很沒常識？

在一般的情形下，筆者認為絕對不能認同權威。但是，我們也可以想像另一個不同的見解：從整體觀之，政府如果能夠尊重憲政主義理念及法治原則，並以此提供一個有利於社會生活的法制度，那麼縱使法令無法符合某些個案的真正需求（例如政府的協調能力有問題，或者我擁有的知識顯然較法律背後的專門知識更為正確等），也不應該反抗法律的規定或政府的決定。否則，就會造成政府功能的崩壞。因此，支持政府、不輕易反抗，才是接受政府服務而生活的人民其義務。

政府提供的服務是一整套的服務，其中有好也有壞。由於並沒有預設人民得以個別選擇接受（這個服務）或不接受（那個服務），所以只要享受（一個還算可以的）政府的服務，就應該全面支持提供服務的政府，這樣才算公平。而身為此種國家的人民盡到了義務，也能更豐富我們自己的人生。只要是能公平對待不同價值觀、不同生活模式的優秀政治體制，我們便予以支持，其實這也能讓我們自己的生命更有價值。

如第三章所見，洛克似乎也認為政府的功能原本如此（政府提供的服務成套無法零售），所以只要政府不施加過度的暴政，人們便不應該群起叛亂。

以上，就是我們可以想像得到的，對於「絕不承認權威」的反論。而且這種反對意見確實頗有說服力。至少，如果是個還不錯的政府，只要人民受益，縱使在個案上政府的決定明顯錯誤，或普遍性的法律規定適用於某種特殊案例，導致不合理的荒謬結論，但考量反抗政府產生的影響——也就是可能導致人民喪失對政府的普遍性信任——就不該反抗。就結論而言，即使從各種角度考量，仍然有反抗政府決定的可能性存在，但若是一個整體而言還算可以的政府所做的決定，原則上服從政府的決定還是有道理的。

話說回來，這個論點仍然無法成為普遍性的常識。縱使一兩個人不願遵從政府的決定，也不會立刻導致政府的崩解。就像剛才舉的例子一樣，在完全沒有人經過的路上闖紅燈，難道就會導致政府的威信瓦解嗎？明顯言過其實。一個人小小的「反抗」，是否便會使民眾產生對正當政府的全面不信任，以及政府功能的崩壞，導致「不公平」？這仍然只能視個案而定。

因此——姑且不論蘇格拉底的嘲諷——總結前面的討論，大致可以得到如下的結論。如果像德沃金，將何謂法的判斷置於每個人全面性的道德判斷之下，就似乎過於輕視價值觀的多元性及無可比較性。因此，認定法律究竟是什麼，必須與每個人的道德判斷切開，且唯有如此，才有承認法律權威的可能。但是，我們也不需要永遠百分之百認同法律的權威。人與人之間道德判斷的對立，通常並不會嚴重到需要像康德一樣強調對於實證法的服從才能解決。是否認同法律的權威，最終仍應視個案由個人自行決定。

又如第八章「法官的良心」的討論中所述，人們並非隨時隨地都必須遵守實證法的規定。如果依據實證法規定解決眼前的問題，卻導致不合理且極度怪異的結論，我們就應回歸法律背後的實踐性理由，探究適切的解決方案。憲法的基本人權條款，正是排除實證法之適用，回歸實踐性理由的窗口。法官既然也是人，不可能與道德毫無關聯地生活，一般公民當然也是如此。

文獻解說

有關「是否有遵法之道德義務」的問題，前提是法律與道德在內容上可能不同。如依據第八章德沃金的理論，亦即若不檢討道德，則無法決定何謂法律，那麼這個問題也就無法成立了。

所謂「遵從法律」意義為何，見解似有紛歧。行為違法，因此乖乖地接受刑罰——這不也是遵從法律嗎？可是通常我們並不會認為受刑人是在盡他的遵法義務。蘇格拉底事件會引起遵法義務的問題，是因為他還有逃亡的選項。但現代社會的受刑人卻不可能如此。

自然法論一般都被認為在傳統上主張「惡法非法」（lex injusta non est lex），不過依照當代的自然法論大師約翰・菲尼斯（John Finnis）的看法，聖多瑪士・阿奎那所說的「惡法論」其實是「違反正義之法，乃法之墮落形態」，所以「惡法」亦為「法」為其論述前提（John Finnis, *Natural Law and Natural Rights*, 2nd ed., Oxford University Press, 2011, pp. 363-366）。若「惡法」已非「法」，那麼「惡法」本身即毫無意義。換言之，真正的重點是「惡法違反正義」，因此當然可以深究是否有遵從之理由。

第五章介紹的康德，一般都以為他主張對於實證法應有非常嚴格的服從義務。但從他的命題——對於道德判斷意見分歧的人們，法的功能在於制定出能讓兩方均能自由行動的平衡架構——的設定，當然可以導出「以該法內容與自己的道德判斷不同為由，並不表示遵法義務可以解除」的結論。不過，他所謂的實證法，必須得是「提供能讓人們均能自由行動的平衡架構」的法律才行。但對「信用破產國家」的實證法，即使是康德，也從未主張應該服從。《斐多篇》及《克里托篇》均收錄於世界名著《柏拉圖I》（田中美知太郎責任編集，一九七八年）。史特勞斯有關《克里多篇》的解釋，請見*On Plato's Apology of Socrates and Crito, Platonic Political Philosophy*（Leo Strauss, Chicago University Press, 1983），特別是第六十六頁。

蘇格拉底的裁判與死刑，經常成為許多人討論的焦點。這裡所介紹的是描述其社會及歷史脈絡的《民主主義：古代與現代》（Finley著，柴田平三郎譯，講談社學術文庫出版，二〇〇七年）中之第四章。

諾齊克的著作《無政府、國家與烏托邦》，有嶋津格教授所譯的日譯版（木鐸社出版，一九九五年）。本文介紹的刑罰觀，是他以利益計算誘導（惡）人行動的理論。霍布斯則認為，在主權者決定社會共同法律之前，只能各自主觀為道德判斷，因此對於何謂犯罪、該科予何種刑罰，均僅能基於此等利益計算為之。

康德認為刑罰法規為定言令式，罰則必須給予所犯之罪正確的應報（《人倫底形上學》，樽井正義、池尾恭一譯，岩波書店出版，二〇〇二年，A331）。他的一句名言，「如正義消失，人們生存在世上即無任何價值」（《人倫底形上學》，A332），便是自此脈絡而來。殺人者死，「即使公民社會全體成員合意解散該社會，解散前仍應將關在監獄的最後一個殺人犯處以死刑」（《人倫底形上學》，A333）。關於康德的這個主張，哈特表示，將所犯惡害之人加諸其相同惡害便是正義的實現，簡直是「極端不可思議的道德化學」（H. L. A. Hart, *Punishment and Responsibility: Essays in the Philosophy of Law*, Clarendon Press, 1968）。

本章中所說明，遵法義務不能以普遍形式成立，是以拉茲的論述為基礎。請見"The Obligation to Obey: Revision and Tradition"（*Ethics in the Public Domain, rev. ed.*, Joseph Raz, Clarendon Press, 1994）。另外，雖然是小事，但我還是得指出拉茲的著作常有手民之誤，該論文亦有兩處錯誤，從初版至今都未修正。作者本身寫完論文後，常發生不願意校對的情形（據說康德的《道德底形上學》也有許多校稿錯誤），但出版該書的出版編輯到底在搞什麼！

近年開始有論者主張，既然法治之要求已明文化為法條，便應尊重法權威之主張；惟如第九章第四節之說明，如依照實證法規定，有時會獲致怪異的結論。其實這個問題的起因，就出在「法治等於法條」的假設。一般而言，通常不會有人認為為了配合法治要求，就必定要遵從法律。這與告知父母，由於所有零歲嬰兒都被平等且公平地要求普遍性預防接種，所以你的孩子也應該接種，這說法未必有道理是一樣的。

依據個案具體判斷，可能導致不服從法律的情形，不只在一般人民身上會發生，也會發生在法官身上。單純適用法律之命令，如果將導致不合理的怪異結論，法官便應避免使用該法。為了應付這種情形，《日本國憲法》準備的道具（之一），便是違憲審查此一安全閥（《日本國憲法》第八十一條）。這個制度很容易被認為將可能造成整部法律（亦即於各種情況下適用該法律）都會被判斷為違憲而無效。但其原本的使用方式應是「適用違憲」，亦即如依法律字面文義規定適用於某具體個案，將會導致違憲，故於該個案中不應予適用，關於此點請參拙著《憲法》第五版（新世社出版，二〇一一年，第四一一到四一三頁）。至於造成整部法律完全違憲的「法令違憲」，必須是該條文在任何適用場合均會導出荒謬結論，而此種案例非常罕見。如果誤認只有法令違憲才是違憲審查，就會讓違憲審查制度變得難以使用，也等於掏空了「適用違憲」的功能。

國家圖書館出版品預行編目資料

法律是什麼？法哲學的思辨旅程/長谷部恭男著;郭怡青譯. -- 二版. -- 臺北市：商周出版，城邦文化事業股份有限公司出版：英屬蓋曼群島商家庭傳媒城邦分公司發行, 民111.10

面；　公分. --（人與法律；69）

譯自：法とは何か:法思想史入門

ISBN 978-626-318-393-3（平裝）

1.CST：法律思想史　　111012579

580.19

人與法律69

法律是什麼？法哲學的思辨旅程

原文書名／法とは何か：法思想史入門
作　　者／長谷部恭男
譯　　者／郭怡青
企畫選書／楊如玉
責任編輯／鄭雅菁、李尚遠

版　　權／林易萱
行銷業務／周丹蘋、賴正佑
總 編 輯／楊如玉
總 經 理／彭之琬
事業群總經理／黃淑貞
發 行 人／何飛鵬
法律顧問／元禾法律事務所　王子文律師
出　　版／商周出版
臺北市中山區民生東路二段141號9樓
電話：(02) 2500-7008　傳眞：(02) 2500-7759
E-mail：bwp.service@cite.com.tw
發　　行／英屬蓋曼群島商家庭傳媒股份有限公司城邦分公司
臺北市民生東路二段141號B1
書虫客服專線：(02)2500-7718；2500-7719
24小時傳眞專線：(02)2500-1990；2500-1991
服務時間：週一至週五上午09:30-12:00；下午13:30-17:00
劃撥帳號：19863813　戶名：書虫股份有限公司
E-mail：service@readingclub.com.tw
歡迎光臨城邦讀書花園　網址：www.cite.com.tw
香港發行所／城邦（香港）出版集團有限公司
香港灣仔駱克道193號東超商業中心1樓
電話：(852) 25086231　傳眞：(852) 25789337
E-mail：hkcite@biznetvigator.com
馬新發行所／城邦（馬新）出版集團　Cité (M) Sdn. Bhd. (458372U)
41, Jalan Radin Anum, Bandar Baru Sri Petaling,,
57000 Kuala Lumpur, Malaysia.
電話：603-90563833　傳眞：603-90576622　Email：service@cite.my

封面設計／雨城藍設計事務所
排　　版／浩瀚電腦排版股份有限公司
印　　刷／高典印刷有限公司
總 經 銷／聯合發行股份有限公司 電話：(02) 2917-8022 傳眞：(02)2911-0053

■2012年（民101）11月初版
■2022年（民111）10月二版

Printed in Taiwan

定價／340元

城邦讀書花園
www.cite.com.tw

ISBN 978-626-318-393-3

廣 告 回 函
北區郵政管理登記證
台北廣字第000791號
郵資已付，免貼郵票

104台北市民生東路二段 141 號B1

英屬蓋曼群島商家庭傳媒股份有限公司

城邦分公司

請沿虛線對摺，謝謝！

書號：BJ0069X	書名：法律是什麼？法哲學的思辨旅程	編碼：

請於此處用膠水黏貼

商周出版

讀者回函卡

感謝您購買我們出版的書籍！請費心填寫此回函卡，我們將不定期寄上城邦集團最新的出版訊息。

線上版讀者回函卡

姓名：________________ 性別：☐男 ☐女

生日：西元________年________月________日

地址：________________

聯絡電話：________________ 傳真：________________

E-mail：

學歷：☐ 1. 小學 ☐ 2. 國中 ☐ 3. 高中 ☐ 4. 大學 ☐ 5. 研究所以上

職業：☐ 1. 學生 ☐ 2. 軍公教 ☐ 3. 服務 ☐ 4. 金融 ☐ 5. 製造 ☐ 6. 資訊
☐ 7. 傳播 ☐ 8. 自由業 ☐ 9. 農漁牧 ☐ 10. 家管 ☐ 11. 退休
☐ 12. 其他________________

您從何種方式得知本書消息？

☐ 1. 書店 ☐ 2. 網路 ☐ 3. 報紙 ☐ 4. 雜誌 ☐ 5. 廣播 ☐ 6. 電視
☐ 7. 親友推薦 ☐ 8. 其他________________

您通常以何種方式購書？

☐ 1. 書店 ☐ 2. 網路 ☐ 3. 傳真訂購 ☐ 4. 郵局劃撥 ☐ 5. 其他______

您喜歡閱讀那些類別的書籍？

☐ 1. 財經商業 ☐ 2. 自然科學 ☐ 3. 歷史 ☐ 4. 法律 ☐ 5. 文學
☐ 6. 休閒旅遊 ☐ 7. 小說 ☐ 8. 人物傳記 ☐ 9. 生活、勵志 ☐ 10. 其他

對我們的建議：________________

____

____

請於此處用膠水黏貼